슬기로운
미디어생활

SNS에서 웹툰까지

슬기로운 미디어생활

권혜령
송여주
장은주
홍완선
김언동
이경혁
정현선
최은옥
지 음

우리학교

펴내며

드라마 〈응답하라〉 시리즈를 아나요? 여러분의 부모님이 10대였을 그 시절이 아날로그 세상이었다면 지금은 디지털 세상이지요. 스마트폰으로 메일 전송은 물론 SNS, 상품 구매, 동영상 촬영, 편집, 공유까지 가능하니까요. 디지털 세상에서 스마트폰을 끼고 즐기는 아이들이 어떻게 잘 성장하게 할까라는 생각에서 이 책을 펴내기로 했어요.

이런 관심은 이번이 처음이 아니랍니다. 2005년 『국어시간에 매체읽기』를 다른 국어 선생님들과 펴낸 적이 있어요. 선생님은 전국국어교사모임 매체연구부의 회원입니다. 올해로 20주년이 되는 이 모임에는 게임으로 「관동별곡」을 수업하고, 웹툰으로 학생들과 이야기 나누는 선생님이 계신답니다. 여러분이 미디어에 대해 척척 알듯이 선생님들도 미디어의 역사, 변화 과정, 교육 과정을 잘 알지요.

이 책은 모두 4부로 되어 있어요. 1부는 이미지와 기호, 소리, 몸짓 등 언어처럼 우리에게 의미를 전달하는 영상 언어에 대해 다루었어요. 2부는 옛날이야기에서부터 영화까지 오랜 동안 인간과 함께한 이야기와 이야기를 전달하는 방식인 은유와 패러디를 담았어요. 3부는 뉴스, 광고, 영화, 웹툰, 게임처럼 여러분에게 친숙한 미디어를 다루었어요. 여러분이 미디어에 어떻게 접근하고 다루는가에 따라 앞으로 미디어의 모습도 달라지겠지요. 마지막 장에서는 미디어가 현실을 어떻게 보여 주는가 하는 재현과 인터넷 이용자인 우리가 생각해 볼 문제들을 넣었어요. 어떤 장이든 마음에 드는 것부터 읽어도 좋아요. 그렇지만 다른 장들도 꼭 다 읽어 보길 바랍니다.

여러분은 자신이 하고 있는 게임을 들여다본 적이 있나요? 가끔은 엉

뚱하게 다른 생각을 해 보는 거죠. 아이템을 빼고 누가 오래 버티나 게임해 보기도 하고, 아이템을 돌도끼로 바꾸면 어떻게 될까 생각해 봐요. 그리고 질문해 보는 거예요. 왜 이렇게 만들었지? 왜 이것에 재미를 느끼지? 디지털 세상을 이렇게 만든 사람에게 세상을 바꿔 달라는 요구도 해 보자고요. 왜 싸우는 게임만 만드냐, 가짜 뉴스를 왜 자꾸 퍼나르냐, 왜 고정관념을 가지고 식상한 이야기와 리듬을 반복하느냐. 여러분의 생각, 이야기를 쏟아놓으세요. 글로 써도 좋고, 인터넷 기자로 활동하거나 동영상을 올려도 좋아요.

선생님은 여러분이 디지털 놀이터에서 여러 경험을 통해 성장하길 바라는 마음으로 이 책을 썼어요. 미디어를 쓱 보고 넘기지 말고 제대로 찬찬히 뜯어보자고요. 친구들과 뛰어놀았던 것처럼 디지털 세상에서도 신나게 놀면서 여러분의 이야기를 들려주고, 웹툰을 영화로 만들며, E-스포츠의 주역이 되거나 유튜브 크리에이터가 되기도, 제2의 주커버그가 되길 바랍니다. 그리고 여러분이 커서 여러분의 아이들이 건강하고 재밌게 놀 수 있는 세상을 만들어 줄 수 있겠죠.

여러분은 미디어와 함께 살아가면서 사람들의 생각을 읽고, 우리 사회의 모습을 비판하기도 하며, 자기 목소리로 건강하게 이야기할 수 있는 친구들로 성장하리라 믿어요. 자, 그럼 이제 놀이터에서 뛰어놀 시간이에요!

2018년 1월

지은이를 대표하여 권혜령

차례

프롤로그

슬기로운 미디어 생활을 위하여

미디어를 읽고 이해하는 능력, 미디어 리터러시

권혜령

세상을 '보다' 그리고 '읽다'

민수네 집

엄마: 민수야, 일어나.

민수: 일어났어요! 아~잘 잤다. 벌써 7시네. 어제 스마트폰을 어디에 두었더라. 여기 있네. 정훈이는 밤새 페이스북에 뭘 이렇게 많이 써 놓은 거야? 댓글 하나 남겨 주고. 참, 오늘 수요일이지? 웹툰이 새로 올라왔을 텐데…….

엄마: (얼마 뒤) 벌써 30분이 지났는데 뭐해? 학교 가야지!

민수: 네. 언제 30분이 지났지? 현민이가 기다리겠다. 얼른 준비해야지.

엄마: 영상 만들기 숙제는 다 했어?

민수: 그럼요. 어제 스마트폰 앱으로 한 시간 만에 다 편집해서 선생님 이메일로 제출했어요.

엄마: 어떻게 스마트폰에서 그걸 하니?

민수: 나중에 가르쳐드릴게요. 몇 가지 기능만 익히면 쉽게 할 수 있어요. 빨리 밥 주세요. 저 지각해요.

학교 가는 길

민수: 야, 오늘 올라온 웹툰 봤어?

현민: 응.

민수: 진짜 대박이더라. 그 주인공 표정이 점점 심각해지더니…….

현민: 뭐가?

민수: 너도 오늘 그 웹툰 봤다며?

현민: 난 그냥 그림만 쓱 보고 말아. 골치 아프게 왜 생각하면서 보려고 해? 대충 내용만 따라가면 되지.

민수: 야, 넌 진짜 그림만 보는구나. 웹툰을 본다는 건 단지 그림의 형체와 색, 글자를 본다는 의미가 아니야. 그림 속 인물의 표정을 읽고, 인물의 심리를 좇아가며 사건의 흐름을 읽어 내야 하는 거야. 그래야 더 재미있게 볼 수 있단 말이지.

현민: 어휴 생각만 해도 머리 아프다. 웹툰 하나 보는데 뭘 그렇게 진지하게 봐? 참, 나 어제 영화 봤어.

민수: 무슨 영화?

현민: 왜 요새 인기 있다는 그 영화. 벌써 1,000만 명 가까이 봤다더라고.

민수: 어땠어?

현민: 재미있었어. 주인공이 정말 멋있더라.

민수: 그런데 감독이 뭘 말하려고 만든 영화야? 내 주변에 본 사람들도 재미있다는데 뭘 말하려고 하는지는 잘 모르겠다고 이야기하기에 궁금했거든.

현민: 그건 생각 안 해 봤는데……. 재미있으면 그만이지.

민수: 야, 영화를 본 시간과 돈이 아깝지 않아? 봤으면 무슨 내용인지 한 번은 곱씹어 보고 의미를 생각해 봐야지. 나도 한 번 보면서 분석 좀 해 봐야겠네.

아침 조회

담임샘: 오늘 5교시 창체 시간에는 국어 선생님께서 미디어에 대해 다양한 이야기를 들려주실 거니까 재밌게 수업 들으세요.

민수: 샘 나가셨다. 현민아, 뭐하냐?

현민: 게임.

민수: 레벨이 얼마나 올라갔어?

현민: 이제 만렙되기 일보 직전이야. 내가 이 레벨까지 올리느라 얼마나 고생했는지 넌 모를 거야.

민수: 난 음악이나 들어야겠다. 요새 레드벨벳 노래가 자꾸 귀에 맴도네.

2교시 국어 시간

국어샘: 오늘은 '읽기' 시간 맞죠?

은비: 샘, 저는 다 읽을 줄 아는데 굳이 읽는 게 필요한가요?

국어샘: 물론 여러분은 글자를 다 읽을 수 있어요. 그런데 글자만 읽을 줄 알면 다 '읽었다'라고 할 수 있을까요? 단순히 책에 쓰인 글자를 보는 것과 읽는 것은 어떤 차이가 있을까요? 오늘은 이 문제에 대해 같이 생각해 보았으면 해요. 다 함께 칠판에 쓰인 문장을 볼까요? '☐를 보고 ☐를 읽다.'라는 문장에서 ☐에 들어갈 수 있는 말을 각자 채워 보세요. 정훈이부터 발표해 볼까?

정훈: 별을 보면서 방향을 읽어요.

혜진: 엄마의 표정을 보면서 기분을 읽어요.

상민: 의사는 엑스레이 사진을 보면서 환자의 뼈나 몸속 상태를 읽어요.

민주: 타로 카드를 보면서 재물운이나 사랑운, 고난이 오는지를 읽어 내기도 하죠.

국어샘: 다들 잘 대답했어요. '읽는다'는 말 하나에도 참 다양한 뜻이 있어요. 그렇다면 보는 것과 읽는 것은 어떤 차이가 있을까요?

은비: 보는 건 눈으로 하지만, 읽는 건 입이나 마음이 해요.

경은: 눈으로 어떤 대상의 형태나 상태를 알고 살피는 게 보는 거라면 본 것의 의미를 찾아내는 게 읽는 거예요.

국어샘: 맞아요. 경은이 말처럼 읽는다는 것은 무엇인가에 담긴 뜻을 헤아려 알게 될 때를 말해요. 물론 우리의 눈은 카메라처럼 있는 그대로를 보는 게 아니라 선택적으로 보고, 본 게 '무엇'인지 이해하고 해석하게 되지요. 예를 들어 볼까요? 학교 축제 때 모인 많은 사람들을 카메라는 다 찍을 수 있지만 우리의 눈은 자신이 아는 사람만 보고 기억할 거예요. 그러면 자기가 알지 못하는 사람은 분명히 그 자리에 있었어도 우리의 눈은 못 봤다고 할 수 있는 거죠.

은비: 선생님, 국어 시간에는 책만 잘 읽으면 되는 거 아닌가요?

국어샘: 읽는다는 것은 단순히 글자만 읽는 것을 말하지는 않아요. 앞에서 여러분이 말한 것처럼 '그림을 읽는다. 사진을 읽는다. 바둑을 읽는다. 광고를 읽는다. 야구 경기의 흐름을 읽는다.'와 같이 우리는 그림이나 사진 그 자체, 글자와 함께

표현된 것도 '읽는다'라고 해요. 여러분이 아이유의 〈좋은 날〉을 들을 때를 생각해 봐요. '좋은 날'이라는 제목과 반대로 남자 친구에게 이별 통보를 받는 여자의 슬픈 감정을 읽을 수 있어요. 이처럼 읽는다는 것은 다양한 의미가 포함되어 있답니다.

디지털 원주민으로 살기

5교시 창체 시간

국어샘: 저 역시 여러분처럼 텔레비전을 보는 것도 좋아하고 스마트폰으로 여러 가지를 하고 있어요. 그래서 미디어에 관심을 가지게 되었고, 여러분에게 미디어에 대해 알려주고 싶은 것도 많답니다. 오늘 미디어 읽기 수업 재밌게 해 봐요. 여러분은 언제부터 스마트폰을 가지고 놀았나요?

학생들: 세 살 아니다 네 살?, 엄마 뱃속에서부터요, 초등학교 1학년이요…….

국어샘: 역시 꽤 이른 나이부터 가지고 놀았네요. 아마도 부모님이 가지고 있는 스마트폰이 재밌어 보여서 어릴 때부터 만지고 놀았을 거예요. 이런 환경에서 자란 여러분을 미국의 교육학자 마크 프렌스키는 '디지털 원주민'이라고 불렀어요. 태어날 때부터 디지털 환경에 둘러싸여 자라다 보니 컴퓨

터나 인터넷, 휴대전화 같은 디지털 미디어를 익숙하게 다룰 수 있는 세대를 가리키는 말이에요. 바로 여러분이 '디지털 원주민'이라고 할 수 있어요.

현민: 선생님, 그럼 어른들은요? 따로 부르는 말이 없었나요?

국어샘: 여러분의 부모님은 스마트폰은 물론 인터넷도 없던 어린 시절을 보냈어요. 지금으로부터 20년 전 세대만 해도 아날로그 세상에서 살다가 디지털을 접하게 된 '이주민'이라고 볼 수 있어요. 여러분은 이미 부모님보다 미디어를 다루는 기술이나 능력이 뛰어나고, 지금의 어른들은 자신보다 나이가 적은 여러분에게 배우는 최초의 세대가 되었어요.

하연: 와~ 그럼 우리가 새로운 시대를 만들고 있는 건가요?

국어샘: 맞아요. 그래서 어른들과는 다른 새로운 놀이 문화가 만들어지고 있어요. 요즘은 쉬는 시간에 주로 뭘 하나요?

학생들: 스마트폰이요!

국어샘: 디지털 원주민에게 디지털 공간은 소중한 놀이터가 되었어요. 2016년 설문조사에 따르면, 중고등학생은 하루에 무려 8시간이나 디지털 미디어를 이용한다고 해요. 그럼 여러분은 현재 어떤 미디어를 얼마나 이용하고 있죠?

민수: 주말이면 하루 종일 친구와 채팅앱으로 메시지를 주고받고, 유튜브 동영상이나 인터넷에서 유머 사이트를 봐요. 게임도 하고요.

재연: 저는 수업 시간을 제외하면 손에서 스마트폰을 놓는 일이 거의 없는 것 같아요. 음악을 듣고, 좋아하는 웹툰이 올라

오면 꼬박꼬박 읽어요. SNS도 관리해야 하고요.

국어샘: 역시 많은 시간을 할애하고 있네요. 최근에는 디지털 미디어를 이용하다 관심이 생겨서 이와 관련한 진로를 꿈꾸는 친구들도 많아지고 있지요. 이 반에도 있을 것 같은데요?

세원: 저요. 유튜브 크리에이터가 되고 싶습니다.

지은: 저는 웹툰 작가가 꿈입니다!

국어샘: 그 꿈 꼭 이루길 바랄게요. 미래에는 미디어와 관련된 직업이 더 늘어날 거예요. 지금은 별다른 관심이 없어도 점차 흥미를 느낄 수도 있겠지요. 미디어와 관련된 꿈을 가진 친구들뿐만 아니라 디지털 원주민인 여러분 모두에게 꼭 당부하고 싶은 말이 있어요. 옛날에는 놀이터에서 흙장난을 하면서 이야기를 창작하고 상상 속 물건을 만들었어요. 또는 놀이기구를 타면서 친구들과 몸으로 부대끼며 즐거운 시간을 보냈지요. 요즈음 여러분이 즐기는 온라인 신문, 뉴스, 영화, 광고, 웹툰, 게임 등은 디지털 놀이터의 놀잇감이라고 할 수 있어요. 놀이터에서 놀이에 집중하고 때론 친구에게 질투의 감정을 느끼며 용기와 우정을 알아 갔듯이 디지털 놀이터에서도 마찬가지예요.

하연: 맞아요. 저는 친구들과 인터넷과 스마트폰으로 더 많이 대화하는 것 같아요.

국어샘: 그런데 디지털 놀이터에서 노는 것으로 끝나면 안 돼요. 왜 재미있는지, 자신이 유독 그 미디어에 빠져드는 이유는 무엇인지, 어떤 방식으로 우리에게 말을 거는지, 그리고 미디

어에서 보여 주는 메시지를 어떻게 파악하는지 질문하려는 노력이 필요해요.

현민: 선생님, 그냥 재밌게 보고 즐기면 되는 것 아닌가요?

국어샘: 음, 조금 어렵지만 '미디어 리터러시(media literacy)'라는 말이 있어요. 미디어가 작용하는 방식과 미디어로 전달되는 내용의 의미를 정확하고 비판적으로 이해할 수 있는 능력, 그리고 미디어를 사용해 의사소통하면서 정보와 지식을 얻어 활용할 수 있는 능력을 말해요. 결국 여러분의 현재와 미래에는 미디어를 읽고 생산해 내는 미디어 리터러시가 필요한 거죠.

디지털 시대는 이미지가 중심이 되는 시대에요. 문자 중심에서 벗어나 미디어까지 포함하는 공부를 해야 해요. 여러분 스스로 배움의 주체가 되어서 개인으로서 행복한 삶을 누리고, 디지털 시민으로서 건강하게 소통하며 살아가길 바랍니다.

민수: 그러니까 친구들과 이야기하고 스스로 답해 나가면서 미디어를 바라보는 균형 잡힌 시각을 갖추고 디지털 놀이터를 즐기는 방법을 찾아가라는 거죠?

학생들: 오~~

국어샘: 네, 맞아요! 이번 시간에 말하려고 했던 요점을 정확하게 잘 정리했어요.

미디어로 하는 소통

하굣길

민수: 지난 일요일에 숙제는 안 하고 너랑 카톡만 한다고 엄마한테 혼났지 뭐야.

현민: 나도 밥 먹으면서 스마트폰 보다가 그런 적 많아.

민수: 그런데 친구들이 페메(페이스북 메시지)로 이야기를 걸어오면 가만히 있을 수가 없잖아. 답장을 빨리 안 하면 친구들이 자꾸 뭐라 한다니까. 가끔은 답장 때문에 스트레스도 받고 피곤한데 이젠 전화보다 SNS로 대화하는 게 더 편해.

현민: 나도 그래. 아마 옛날 사람들은 이런 재미를 몰랐겠지.

민수: 맞아, 언제든! 어디서든! 서로 이야기할 수 있으니까. 심심할 때는 영상도 보고 노래도 듣고 말이야. 스마트폰이 없을 때는 얼마나 답답했을까? 와, 상상하기도 싫어.

현민: 그러게. 해외여행을 가도 바로바로 사진을 보내고 대화할 수 있으니까 얼마나 편해. 할 일 없으면 게임도 하고.

민수: 그런데 오늘 내내 정훈이 표정이 안 좋던데 그 일은 아직 해결이 안 된 거야?

현민: 응, 여자애들 부모님까지 와서 선생님과 상담하고 가셨다던데. 문제가 더 커지는 것 같아.

민수: 도대체 정훈이가 반톡에서 뭘 한 건데? 직접 물어보기 힘들어서 말이야. 너와 더 친하기도 하고.

현민: 나도 대충 들었는데, 반톡에서 남자애들이 여자애들 외모를 가지고 놀렸나 봐. 외모 순위를 매기고 얼굴을 동물에 비유했다더라고. 어떤 여자애 부모님이 우연히 반톡 내용을 보시고 사이버 폭력이라고 신고하셨대.

민수: 야, 별생각 없이 애들끼리 장난친 건데 너무 하시는 거 아냐? 세상에 뒷담화 안 하는 사람이 어디 있냐?

현민: 나도 처음에 그렇게 생각했지. 그런데 그 일을 당한 여자애들이 우는 걸 보니까 생각보다 심각했나 봐. 장난으로 했다고 다른 사람에게 준 상처가 사라지는 건 아니니까. 게다가 카톡이나 페메처럼 온라인에서 하는 이야기는 전혀 상관없는 사람들에게 옮겨지고 삭제도 안 되잖아. 나도 개인 공간에는 아무 글이나 올리지만 댓글은 함부로 쓰지 않아. 국어샘도 그러셨잖아. 인터넷 웹에 남은 다양한 기록인 디지털 발자국은 지울 수도 없으니까 항상 주의해야 한다고.

민수: 듣고 보니 그렇네. 인터넷은 친구들끼리 언제든지 어디에 있든지 이야기를 나눌 수 있는 소중한 공간이지만 사이버 폭력이나 왕따가 일어나는 공간이 된다는 게 무섭기도 해. 내가 그 피해자가 될 수도 있다고 생각하면 더 끔찍하단 말이지, 윽. 가끔 텔레비전 뉴스에 인터넷 범죄 이야기가 나오는 걸 보면 말이야. 결국엔 인터넷이나 SNS를 이용하는 우리가 조심하고 잘 사용하는 수밖에 없는 것 같아.

현민: 그러니까 말이야. 이번 일로 정훈이도 느끼는 게 있겠지. 잘 해결되면 좋겠다!

슬기로운 미디어생활

1

알고 나면 더 재미있는 미디어생활

; 미디어 언어

1

영상 미디어 속 이미지 뜯어보기

권혜령

:: 이미지의 뜻과 범주는 무엇일까?

:: 미디어 속 이미지는 어떤 요소들을 통해 만들어질까?

요즘은 페이스북을 하는 재미에 푹 빠져 있다. 친구들이 올리는 사진과 영상, 댓글만 봐도 시간이 금방 간다. 앗! 이 사진들은 내가 좋아하는 떡볶이와 피자 아냐? 먹고 싶다. 게다가 여긴 우리 집에서 가까운 곳이다. 우리 동네에 이런 맛집이 있었다니! 친구들이 올린 사진을 보니 엄청 맛있어 보이는데? 이 집에 꼭 가 봐야지. 여기에 올라온 요리 사진을 보면 침이 절로 넘어간다니까. 와, 치즈가 그냥 쭉쭉 늘어나네. 그런데 사진으로 보는 이미지만큼 실제 모양도 비슷하고 맛있을까? 지난번에도 사진만 보고 식당에 갔다가 돈만 아까웠던 적이 있었는데. 또 실패하면 어쩌지?

이미지 놀이를 하는 세상

사진이나 텔레비전과 같은 영상물의 이미지는 실제보다 매력적이면서도 현실과 많이 닮았다. 사람들은 미디어를 통해 이미지를 보며 이것을 참된 현실이라고 생각한다. 여러분이 어렸을 때에 했던 그림자 놀이를 떠올려 보자. 불빛을 등지고 벽을 향해 손을 갖다 대면서 이리저리 모양을 바꾸면 벽에서는 그림자 개가 멍멍멍 짖으면서 입을 벌리고, 새 한 마리가 훨훨 날갯짓을 한다. 이처럼 우리가 살고 있는 세상도 그림자 놀이판과 마찬가지이다. 날마다 이미지로 비춰지는 세상을 '진실'로 받아들이며 살고 있는지도 모른다. 그렇다면 우리가 보고 듣는 영상 미디어 속의 이미지들은 어떻게 만들어졌고, 또 어떤 비밀을 숨기고 있을까.

눈을 감고 '라면' 하면 떠오르는 장면을 그려 보자. 여러분의 머릿속에 떠오른 것, 바로 그런 것들을 이미지라고 할 수 있다. 대부분 따뜻한 국물에 김이 모락모락 나는 쫄깃한 면발을 떠올린다. 눈으로 직

접 라면을 보지 않아도 라면을 보았거나 먹었던 기억이 자연스럽게 이미지를 불러오는 것이다. 이처럼 눈, 코, 입, 귀, 피부와 같은 감각 기관으로 직접 느끼지 않아도 머릿속에 생생하게 그려 낼 수 있는 것이 이미지이다. 마찬가지로 선생님이나 정치인 등 특정한 직업을 가진 사람을 이야기할 때 떠오르는 모습이 있다. 우리가 어떤 사람 또는 사물의 이미지를 가지고 있다는 것은 그의 모습, 성향이나 사물의 특징을 아는 것에서 시작한다. 즉, 사람의 외모와 행동이나 사물에 대해 여러 가지 방법을 통해 직간접적으로 받아들인 정보를 자신만의 관점으로 새롭게 만들거나 생산을 되풀이하는 것, 이것이 바로 이미지이다.

이미지의 뜻과 종류

이미지image는 보통 문학에서는 심상心象, 영상映像, 표상表象 등을 뜻한다.≡1 문학에서는 언어를 통해서 다양한 이미지를 느낄 수 있다. 이효석의 소설 『메밀꽃 필 무렵』에서는 메밀밭 풍경을 '달빛 아래 하얀 소금을 뿌려 놓은 것 같다'고 표현했다. 마치 우리 눈으로 보는 것처럼 메밀밭 이미지를 머릿속에 그리게 한다. 이미지는 조상의 얼굴을 밀랍으로 본떠서 만든 이마고imago라는 라틴어에서 나온 말이다. 본을 뜨면 원래 얼굴과 닮게 되므로 '정확히 닮다, 정말 비슷하다'는 뜻으로 사용됐다. 진짜와 같은 것, 실제 존재하는 것, 현실 같은 의미에서부터 진짜를 모방한 것, 눈속임, 환상까지 상당히 넓은 의미

≡ 사람의 마음속에 그려지는 사물의 감각적 영상을 가리킨다. 주로 시각적인 것을 말하지만 시각 이외의 감각적 심상도 이미지라고 한다. 점차 넓은 뜻으로 사용되어 직관적 내용뿐만 아니라 관념과 같은 뜻으로 비직관적인 내용이나, 감정을 포함한 내용, 자기만의 평가가 들어 있는 내용에 대해서도 이미지라고 하게 되었다.

를 모두 가진 말이다.[2]

이미지는 자칫 시각적 요소만을 가리키는 말로만 이해되기 쉽다. 물론 시각적 요소는 이미지에서 매우 중요한 요소이다. 하지만 이미지는 도형적 이미지(그림, 사진, 조상, 도안), 광학적 이미지(영상, 투사), 지각적 이미지(감각 자료, 외모), 정신적 이미지(꿈, 기억, 관념, 환상), 언어적 이미지(은유, 서술) 등 좀 더 많은 영역의 감각들을 폭넓게 포함한다.[3] 미술은 주로 시각 이미지이지만 설치 미술처럼 평면적인 성격을 극복하려고 노력하기도 한다. 청각 이미지인 음악은 춤과 이야기가 더해져서 오페라나 뮤지컬과 같은 시청각이 합쳐진 이미지로 바뀌기도 한다.

사진이나 텔레비전과 같은 영상 미디어의 이미지는 언어와는 다른 방식으로 우리에게 말을 건넨다. 가족사진을 예로 들어 보자. 하나의 사진을 보면서도 사람들은 여러 가지 이야기를 한다. '식구가 다섯이구나, 아이들의 키가 유난히 크구나, 아이들이 엄마를 더 많이 닮았네, 아버지가 참 자상해 보인다.'와 같이 언어는 하나의 이미지를 다양한 관점으로 쪼개어 풀어놓을 수 있다. 반면에 영상은 하나의 장면으로 모든 것을 다 보여 준다. 쪼개 놓음으로써 보는 사람이 자기 마음대로 재구성하는 이미지가 아니라, 하나의 완성된 이미지로 보여 주는 것이다.

영상 미디어 속 이미지

영상 미디어의 이미지들은 어떻게 만들어질까? 먼저 영상 이미지를 드러내는 화면의 구성 요소를 알아 보자.[4]

빛과 색

텔레비전과 영화는 모든 영상을 빛으로 만들어 낸다. 그래서 빛으로 마술을 부리는 조명은 이미지를 만드는 중요한 장치가 된다. 똑같은 색이라도 빛의 양이나 주변의 색, 반사 정도에 따라 밝거나 어둡게 혹은 강하거나 약하게 보일 수 있다. 멜로드라마에서는 조명을 이용해 인물의 부드럽고 따뜻한 이미지를 만들어 내는 경우가 많다. 때로는 조명으로 인물들의 등장을 강렬하게 드러내며 신비스러운 이미지를 보여 주기도 한다. 또 광고에서는 제품의 밝고 시원한 이미지를 강조하려고 의도적으로 푸른색을 많이 쓴다. 빛의 양을 최대한 많이 줌으로써 그 효과를 살리고 있다. 그런가 하면 장면의 특정 부분만 조명을 쓰고, 나머지 부분은 의도적으로 조명을 쓰지 않거나 아주 약하게 쓰는 경우도 있다.

영상 이미지에서 색은 빛과 함께 의미를 전달하는 데 중요한 역할을 한다. 우리는 장례식에 갈 때 검은 옷을 입고, 비오는 날에는 눈에 잘 띄는 색을 입는다. 미디어에서도 색은 의도적으로 쓰인다. 광고에서 가장 사랑받는 색은 빨간색이다. 눈에 가장 잘 띄고 정열과 열정, 생명과 같은 의미를 전달해 주기 때문이다. 일부러 광고 제품과 같은 색을 사용하거나 10년 넘게 한 가지 색을 강조해 광고하기도 한다. 각 정당의 선거 홍보 광고에서도 색이 아주 중요한 역할을 한다. 2017년 대통령 선거 당시 자유한국당은 빨간색을, 더불어민주당은 파란색을 상징 색으로 내세웠다. 자유한국당이 빨간색을 부정적으로 보던 관점을 바꿔 '혁신, 젊음'으로 받아들였기 때문이다. 더불어민주당은 흐려진 사회를 푸르게 만드는 파란을 일으키겠다는 의미로 파란색을 선택했고 이를 활용한 광고를 만들었다.

2차원 영역

구도: 화면의 위치, 물체와 영상의 크기

이미지를 왼쪽과 오른쪽, 위와 아래, 중앙과 주변에 어떻게 배치하느냐에 따라 의미가 달라진다. 일반적으로 우리는 화면을 바라볼 때 화면의 오른쪽에 시선을 더 많이 준다. 따라서 오른쪽에 위치하는 요소가 더 중요한 의미를 가진다. 영상 미디어에서 왼쪽에 위치하는 요소는 '이미 알려진 것'이고, 오른쪽에 위치하는 요소는 '새로운 것'을 의미한다. 이렇게 왼쪽, 오른쪽 배치를 이용하는 것은 특히 광고에서 두드러진다. 은유적인 이미지는 왼쪽에 배치하고, 상품은 주로 오른쪽 아래에 위치하는 경우가 많다. 광고하는 상품이 새롭게 접해야 하는 가까운 것이라는 뜻을 담고 있다.[5]

또한 구성 요소의 상대적인 크기, 색의 대비, 전경과 배경의 위치 등에 따라서 이미지가 주는 의미와 느낌이 달라진다. 대부분의 영화 포스터는 주인공이 화면의 중심에, 다른 인물들은 주변에 위치하고 있다. 따라서 주인공의 크기가 다른 주변 인물들의 크기에 비해 뚜렷하게 드러나는 것을 볼 수 있다.

힘: 힘의 방향, 중심과 배경, 화면의 비대칭성

수평과 수직, 상승과 하강의 표현에 따라서 힘이 다르게 느껴진다. 수평 구도는 평온함, 안정감, 보수성 등을 느끼게 하고, 수직 구도는 수평 구도보다 더 역동적이고 강하며 흥미를 끈다. 수평면이 기울어지면 우리는 불안감이나 긴장감, 움직임을 느끼게 된다. 영화 〈부산행〉(연상호 감독, 2016) 포스터에서는 대각선 구도의 가운데에 주로 인물을 수직으로 배치하고, 선로와 기차역의 시설물을 수평으로 처리했다.

그런데 사진과 달리 텔레비전이나 영화, 컴퓨터 화면은 그림의 구성 요소들이 화면에서 끊임없이 움직인다. 따라서 고정된 그림의 구도보다 변화하는 구도에 대해 더 살펴보아야 한다.

3차원 영역: 화면의 입체감

우리는 사진이나 텔레비전, 영화 등의 화면을 볼 때 실제의 너비, 높이와 깊이를 가지고 있는 것으로 받아들인다. 카메라는 평면적인 영상을 보여 주지만 가까운 곳과 먼 곳을 확실하게 구별하는 실제의 입체감을 전달하기 때문이다.

영화 〈웰컴 투 동막골〉(박광현 감독, 2005) 포스터에는 여러 인물이 등장한다. 앞에 있는 사람이 뒤에 겹쳐진 사람보다 앞에 위치하고 있다는 것을 알 수 있으며 화면의 깊이가 느껴진다. 멀리 떨어져 있는 물체가 더 높이 보이고, 앞에 있는 사람들이 배경에 있는 억새풀보다 선명하게 보이며, 빛과 그림자가 입체감을 더한다.

카메라의 렌즈에 따라서 실제와 다른 거리감을 표현하는 경우도 있다. 특수 렌즈를 사용하면 물체가 빽빽하게 들어찬 답답한 느낌이나 드문드문 흩어져 있는 탁 트인 느낌을 줄 수 있다. 우리가 즐겨 보는 야구 중계방송에서 투수와 타자 간의 실제 거리는 18.44미터로 상당히 멀다. 그러나 특수 망원렌즈를 사용해 투수가 홈에서 아주 가까운 곳에서 투구하는 것처럼 느끼게 만든다.

동작과 시간

우리는 흔히 회화나 사진은 고정되었고, 영화와 텔레비전 화면은 움직인다고 생각한다. 그러나 영화와 텔레비전 화면은 1초에 정지된 영상 24개를 빠른 속도로 보여 주는 것이다. 연속된 장면에서 정지 영상의 위치 변화가 크면 빨리 움직이는 것처럼 느껴지고, 위치 변화가 작으면 느리게 움직이는 것처럼 느껴진다. 때로는 영화와 텔레비전 화면은 실제 우리가 경험하는 시간보다 더 느린 화면으로 이야기를 전개하기도 하며, 실제 시간보다 더 빨리 움직이기도 한다.

또 정지 영상의 순서를 바꾸거나 정지 영상의 일부를 잘라 낼 수도 있고, 완전히 다른 장면의 영상을 원하는 부분에 붙여 넣는 것과 같은 편집도 가능하다. 현재를 사는 우리는 과거로 되돌리거나 미래를 앞서 경험할 수 없지만, 영화와 텔레비전에서는 편집 기술을 통해 시간의 역전이 가능한 것이다.

소리

한 편의 영화를 보고 나면 어떤 한 장면의 이미지가 머릿속에 강렬하게 남기도 하고, 영화 속 전체 분위기가 하나의 이미지로 잔잔하게 남기도 한다. 배우의 대사 한 구절에 매료되는 경우도 있다. 또한 영화 속 배경 효과음은 영화 진행 자체에 중요할 뿐만 아니라, 영화를 보는 관람객을 매혹시키는 매우 중요한 요소이다. 영화를 보고 나서 그 영화에 나왔던 음악을 듣거나 떠올리면 자연스레 그 영화의 이미지가 그려지기도 한다. 이처럼 영상에서는 소리가 이미지를 만드는 데 매우 중요하다.

소리는 크게 음향 효과, 대사, 음악으로 나눌 수 있다.[6] 총소리가 없는 전쟁 영화를 상상할 수 있을까? 자동차 경적 소리, 뛰고 숨 쉬는 소리, 사람들의 웃음소리와 같은 음향 효과는 우리가 경험했던 소리들의 기억과 결합하여 각 장면의 이미지를 우리에게 더 실감 나게 전달해 준다. 인물의 걱정이나 갈등과 같은 내면 심리나 사건의 긴장감 조성을 위해서도 음향 효과는 매우 중요하다. 음향 속도가 빠르면 관객의 긴장감은 더욱 커지기 마련이다.

텔레비전이나 영화에서 교회 건물이 나오면 우리는 오르간 음악을 떠올리게 되고, 야구장 장면에서는 응원가를 떠올리게 된다. 만약 교회에서 최신 댄스곡이 나온다면 우리는 교회의 엄숙한 이미지와 댄스곡이 어울리지 않는다고 생각할 것이다. 이렇게 소리는 하나의 이미지를 구성하는 데 빼놓을 수 없는 중요한 요소이면서 소리 그 자체로 하나의 이미지가 되기도 한다.

이미지와 현실의 경계

이미지는 현실과 어떻게 다를까. 이미지와 현실은 무슨 관계가 있는 것일까. 우리는 드라마나 영화 속에서 연기하는 모습 혹은 SNS에서 보는 연예인의 모습이 실제 그 연예인의 모습이라고 믿는다. 텔레비전 예능 프로그램에서는 연예인들이 육아를 하고, 농어촌에서 삼시 세끼를 직접 만들어 먹으며, 혼자 재미있게 살아가는 모습을 볼 수 있다. 그들의 일상을 보는 우리는 연예인에 대한 긍정적이면서도 특정한 이미지를 가지게 된다.

그러나 드라마나 예능 프로그램에서 보여 준 이미지와는 전혀 다른 모습을 보이는 경우도 많다. 텔레비전에서 재치 있는 유머로 즐거움을 주었던 연예인이 음주 운전이나 도박, 성추행 등의 사건을 일으킬 때가 있다. 그가 경찰서에 들어가는 모습을 보면서 평소에 가지고 있던 좋은 이미지가 완전히 무너지기도 한다. 또는 개구쟁이 같고 활

발해 보이던 연예인이 우울증을 앓다가 자살하는 경우 우리가 알고 있는 이미지와 실제 모습이 거리가 있다는 것을 알게 된다. 드라마나 영화를 통해 일찍 얼굴을 알린 스타들 중에는 배역의 이미지로만 자신을 보는 것에 대한 어려움을 호소하는 경우도 있다.

그러나 실제와 이미지는 이제 그 경계가 분명하지 않다. 배우는 실제 존재하지만 드라마나 영화 속의 멋있는 주인공은 현실에 없다. 그래서 많은 사람들이 그 배우에게서 주인공의 이미지를 찾고 싶어 하고, 그 배우의 이미지를 생각하며 물건을 소비한다. 이미지의 힘은 이루 말할 수 없다.

이미지가 비처럼 내리면

우리는 평소 텔레비전, 영화, 스마트폰 등 다양한 미디어를 통해 재현된 현실, 즉 재구성된 이미지(그림자)를 본다. 이러한 미디어에서 재현된 이미지들은 현실이 아니다. 그러나 현대인들은 미디어에서 재구성된 이미지를 '현실'로 받아들이는 것에 익숙하다. 스마트폰으로 텔레비전 프로그램을 보고, 영화를 보는 이러한 현대인들을 '호모 모빌리언스homo mobilians'라고 부른다고 해도 지나친 말은 아닐 것이다.≡

현대는 이미지 시대라고 말할 수 있다. 누구나 쉽게 이미지를 제작하고 창조할 수 있다. 컴퓨터 프로그램을 이용해 이미지를 제작하거나 수정하는 것이 쉬워졌기 때문이다. 요즘은 스마트폰으로도 자신의 이미지를 만들어 낼 수 있고 그 이미지를 다른 사람에게 보낼 수도 있다. 이렇듯 오늘날 이미지

≡ 디지털 기술의 발달로 얼굴을 맞대고 하는 대화는 줄어드는 반면, 스마트폰 등을 통해 소통하는 현대인들을 빗대어 부르는 말이다. 디지털 노마드(digital nomad), 호모 스마트포누스(homo smartphonus)라고 부르기도 한다.

는 누군가에 의해 쉽게 만들어지고 수많은 사람들에게 전해진다. 사람들은 이미지를 통해 소통하며 물건을 사고 값을 치르듯 이미지를 소비한다.

우리의 일상생활 속에서 이미지가 점점 더 상품화되고 있는 만큼 이미지를 읽을 줄 아는 능력이 절실히 필요하다. 아프리카 대륙에 서구의 기계 문물이 들어가기 전에 사진작가 야누스는 카메라를 가지고 아프리카를 탐험하면서 원주민의 사진을 찍었다. 이때 원주민들은 카메라를 사람의 영혼을 잡아먹는 불길한 것으로 받아들였다고 한다. 물론 미디어 속 이미지를 그 원주민들이 카메라에 대해 생각했던 것처럼 불길한 것으로 받아들일 필요는 없다. 그러나 비판적 기준 없이 이미지 그대로 받아들이는 것은 위험할 수 있다.

화가 르네 마그리트는 자신의 그림에 '언어가 지시하거나 회화가 재현하는 현실을 그대로 믿지 말라, 이미지에 속지 말라.'는 메시지를 남겼다. 이 의미를 기억하며 영상 이미지를 읽어 보면 다르게 보

마그리트는 〈이미지의 배반〉이라는 그림에서 친숙한 이미지인 파이프를 그렸다. 그러나 "Ceci n'est pas une pipe(이것은 파이프가 아니다)"라는 문구를 넣어 보는 사람을 당황하게 한다.

일 것이다. 그리고 여러분은 어떤 이미지를 가지고 있으며 그 이미지를 어떻게 가지게 되었는지, 또는 무엇이 그 이미지를 만들어 내는지 스스로 생각해 보았으면 한다.

더 생각해보기

1. 머릿속에 여러분과 가장 친한 친구의 모습을 떠올려 보자.
   - 그 친구를 떠올리면 생각나는 이미지를 단어로 표현해 보자.
   - 앞의 이미지를 떠올리게 된 결정적 사건이 무엇이었는지 생각해 보자.

2. 최근에 재미있게 본 드라마 또는 영화 한 편을 골라 보자.
   - 드라마 또는 영화에 나온 여자 주인공과 남자 주인공의 이미지는 각각 어떤가?
   - 여러분이 작가라면 바꾸고 싶은 주인공의 이미지와 이유를 말해 보자.

2

흉내 낸 기호, 도상

홍완선

:: 재채기와 교통 신호등, 이모티콘의 공통점과 차이점은 무엇일까?

정말 억울해요. 우리 학교 샘들만 이런 건가요? 저를 일진이나 조직 폭력배로 생각한다니까요. 짧은 여름 방학이 아쉬워서 헤나를 했더니 개학 날부터 샘들이 '너 징계받을래?', '학생이 그게 뭐니?', '네가 일진이야, 조폭이야?' 잔소리가 심하잖아요. 손목을 휘감는 용 한 마리를 팔찌처럼 작고 귀엽게 새겼을 뿐인데, 너무하신 거 아닌가요? 다른 학교에 다니는 제 친구는 별말 안 듣는대요. 정말 미치겠어요. 샘들이 그럴 때마다 제가 그랬어요. "샘, 이건 헤나라서 열흘 내외면 지워져요. 그리고 제 친구와의 우정을 보여 주는 것뿐이라고요. 제가 뭘 잘못했다고 그러세요?"

우리 안의 기호

학생에게 무슨 일이 일어난 것일까? 아니, 무엇이 학생을 난감하게 만들었을까? 문제의 시작은 '우정'을 드러내기 위한 용 헤나를 선생님들은 전혀 다른 기호로 읽었다는 데에 있다. 학교 선생님들은 학생의 손목에 그려진 용 헤나를 일진이나 조직 폭력배의 '폭력성' 혹은 '반항'으로 받아들인 것이다.

여기서 우리가 기억해야 할 한 가지가 있다. 기호는 지시 대상인 '의미'와 그것을 대신하는 '표시'로 구성되는데, 이를 각각 '기의記意'와 '기표記標'라고 한다. 즉, 기호=기의+기표이다.

더 나아가 하나의 기표는 상황과 관계에 따라 다른 기의를 담을 수 있다. 예를 들어, 기표 '용 헤나'는 학생에게 '우정'의 기의를 갖지만, 선생님들에겐 '폭력성' 또는 '반항'의 기의를 갖기 때문에 별개의 기호라고 할 수 있다. 꽃도 마찬가지이다. 연인에게 전하는 기표 '꽃'은 '사랑'이라는 기의를 담은 기호이고, 장례식에서 전하는 기표 '꽃'은 '추모'라는 기의를 담은 기호이다.

주변을 둘러보면 수많은 기호를 찾을 수 있다. 우리가 하는 의사소통은 말과 글뿐만 아니라 머리 모양과 의복, 몸짓과 표정과 같은 상황에 따라 다양한 기호에 의존하고 있다. 기호의 힘은 미디어가 중요한 시대에 더 크게 발휘된다. 그래서 기호와 도상에 대해 아는 일은 반드시 필요하다.

기호와 도상

사람이 살아가려면 기호를 아는 것이 필수다. 연기를 통해서 불이 난 것을 알고, 연인이 건네준 장미 한 송이로 내게 사랑을 고백하고 있음을 아는 것과 같이 말이다. 즉, 우리는 세상을 살아가기 위해 수많은 기호(표정, 몸짓, 그림과 음악, 말과 글)를 만들고 해석하면서 세상과 의사소통하고 있다. 기호학자 찰스 샌더스 퍼스는 "오로지 기호로 구성된 것만은 아니지만, 온 우주는 기호로 충만하다."고 주장했다. 퍼스는 이처럼 풍성한 기호의 세계를 도상(icon, 아이콘)과 지표(index, 인덱스), 상징(symbol, 심벌)으로 나누어 설명했다.

도상

도상이란 지시하고자 하는 대상을 본뜬 기호이다. 도상은 지시 대상과 비슷한 모양 또는 비슷한 소리를 가짐으로써 지시 대상을 대신한다.

선사시대에는 '고래'라는 말과 문자가 없었기 때문에 사람들은 직접 '고래'의 모습을 암벽에 새겨 넣어서 대상을 지시할 수 있었다. 사물의 형태를 빌려 암각화로 표현한 것이다. 간혹 방송 예능 프로그램에서 몸짓으로 설명하는 퀴즈 게임을 할 때가 있다. 이때 출연진들이 '꼬끼오', '멍멍' 하는 의성어로 닭과 개를, 코를 치켜드는 몸짓으로 코

끼리를 표현한다. 모두 대상의 특성을 흉내 낸 것으로 도상이라고 할 수 있다. 도로 교통 표지판, 지도의 기호, 문서용 기호, 날씨 기호도 전부 이와 같은 특징을 지닌다.

이렇게 사물의 모양이나 상태를 빌려 표현하는 방법은 회화나 만화에서만 사용한 게 아니다. 무엇보다 문자의 탄생을 가능하게 했다. 상형문자인 한자가 대표적이다. 해의 모양에서 '日' 자를, 세 봉우리가 뾰족한 산의 모양에서 '山' 자를 만드는 과정을 통해 점차 발전했다. 또 한글은 표음문자지만 훈민정음해례에서 모음 'ㆍ, ㅡ, ㅣ'가 각각 하늘과 땅, 인간의 모양을 본떴다고 밝히고 있다.

지표

지표란 지시하고자 하는 대상과 인과적 · 물리적 관계를 갖는 기호를 말한다. 예를 들어, 불로 인해 생긴 '연기'가 불이 났음을 알리고, 뱀이 지나간 '자국'은 사냥꾼에게 뱀의 진로를 알려 준다. 감기로 인해 생긴 '열', '붉게 상기된 얼굴', '재채기'는 감기의 지표가 된다. 사진은 실제 세계를 평면의 사각 틀에 그대로 담은 것으로 표현하려는 실제 대상을 대신한다. 따라서 도상이라고 볼 수 있지만, 빛을 통해 필름에 남은 실제 세계의 흔적이라고 한다면 지표라고 볼 수도 있다.

그러나 지표가 항상 실제 세계를 담는 것은 아니다. 사기꾼들은 고급 옷으로 자신을 치장하고 외제차를 끌고 다니며 순진한 사람들을 속여서 이익을 취한다. 사람들은 그들이 사기꾼인 줄 모르고 경제적으로 부유하거나 권력을 가지고 있기 때문에 고급 옷을 입으며 외제차를 끌고 다닐 것이라고 생각한다. 즉, 고급 옷과 외제차는 부유함과 권력의 지표이다.

상징

상징은 별난 기호이다. 도상이나 지표와 달리 지시 대상과 서로 비슷한 성질도 없고, 인과적 · 물리적 관계를 지니지 않은 채 임의로 만들어진 기호이기 때문이다. 임의로 만들어졌다는 것은 어떠한 사회적 약속 혹은 법칙에 의해 만들어지고 사용된다는 것을 말한다.

이렇게 보면 숫자의 체계와 문자의 체계는 상징이다. 지시 대상과 이를 가리키는 언어 기호에 확실한 연관성이 없이 자의적으로 연결되어 있기 때문이다.≡ 책상을 '의자'나 '옷장'이라고 부르지 않고 '책상'이라고 부르는 것은 임의적인 약속이며, 이 약속은 체계를 지녀야만 힘을 얻는다. 아라비아 숫자 '3', '4' 역시 숫자의 생김새만 보아서는 세 개, 네 개의 뜻을 골라낼 수 없다. 1부터 10에 이르는 십진법의 체계 안에서만 3과 4는 비로소 숫자로서 역할을 하며 작용한다. 교통 신호등의 빨강은 '위험'을, 노랑은 '주의'를, 초록은 '안전'을 뜻하는 것도 색이 가지는 상징성이 훈련을 통해 학습된 결과이다. 상징은 시대와 사회에 따라 새롭게 바뀔 수도 있다. 예를 들어, 노란 리본은 '무사히 돌아오기'를 기원하는 의미를 갖고 있는데, 2014년 세월호 참사 이후 노란 리본은 희생자의 무사 귀환뿐만 아니라 '추모'까지도 의미하게 되었다.

≡ 자의성이란 언어에서 지시대상과 언어 기호 사이에 특별한 연결고리가 없음을 뜻한다. 책상은 앉아서 책을 읽거나 사무를 볼 때 쓰는 상을 가리키지만, '책상'이라는 단어가 책상의 모습처럼 생기지는 않았다.

더 나아가 상징은 구체적인 지시 대상이 없는 것을 의미하기도 한다. 사랑, 추억, 기쁨과 슬픔 같은 단어들은 분명한 지시 대상이 없고 우리 눈에 보이지도 않는다. 그럼에도 언어 체계 속에서 의미를 가질 수 있는 것은 오로지 상징의 힘 덕분이다.

현대 미디어 속 기호

앞에서 세상에 존재하는 기호를 셋으로 나누어 살펴보았다. 그러나 실제 우리 주변의 기호들은 셋으로 분명하게 나누기 어렵다. 승용차 통행 금지 표지판을 보자. 동그라미 안의 그림은 자동차를 지시하는 분명한 도상이다. 그런데 붉은 동그라미와 자동차 위를 지나는 붉은 사선이 더해지면서 통행 금지의 의미를 상징으로 나타내고 있다.

특히 도상은 다른 기호들과 섞여 한데 쓰이고 있는데 한 편의 인쇄 광고에서도 쉽게 확인할 수 있다. 도상은 지시 대상과 비슷해서 그 뜻을 쉽게 미루어 추측할 수 있으므로 문자 언어보다 효과적일 때가 많다.

다음 광고를 꼼꼼히 읽어 보자. 눈에 띄는 이미지 중에서 먼저 운전대를 잡은 채 놀란 표정을 짓는 남성과 깨지는 유리창을 확인할 수 있다. 이것은 교통사고의 흔적으로 기호 중에서도 지표에 해당한다. 또 유명 SNS에서 사용되는 엄지 척 모양의 이모티콘도 보일 것이다. 이는 '호감' 또는 '응원'을 의미하는 도상으로 여기서는 SNS를 의미한다. 즉, 남성이 운전 중 SNS를 사용했음을 말하고 있는 것이다. 또 가운데에는 다음과 같은 문장이 있다. "SNS를 멈추지 않으면 당신이 멈추게 됩니다. 교통사고 원인 1위 운전 중 스마트폰 사용" 이 문장은 앞서 소개했던 정교한 문자와 숫자 체계로 이뤄져 있으며, 기호 중 상징에 해당한다.

독자는 이런 해석 과정을 거쳐 도상과 지표 그리고 상징이 결합되어 있는 광고의 의미를 이끌어 낼 수 있다. '운전 중 스마트폰 사용은 교통사고의 중요 원인이다. 그러므로 운전 중에는 스마트폰을 사용하지 않아야 한다.'는 메시지를 찾는 것이다. 이렇게 보면 작은 광고 하나도 일종의 퍼즐이라고 볼 수 있다. 소비자들은 광고 제작자가 한 장의 광고에 숨겨 놓은 각각의 의미를 끼워 맞춰 하나의 완성된 메시지를 이끌어 낸다. 물론 이때 필요한 것은 다양한 기호에 대한 해석 능력과 종합적 사고력이다. 독자 혹은 소비자들은 이 과정에서 즐거움을 느낀다. 이러한 즐거움은 광고가 전하고자 하는 메시지를 보다 확실하고 오랫동안 기억하게 돕는 역할을 한다.

도상의 힘과 미래

현대 만화가 스콧 맥클라우드=는 여러 기호 중 도상의 힘에 대해 새롭게 밝혔다. 스콧은 만화(카툰)의 힘은 바로 도상에서 나온다고 보았다. 그는 만화의 도상 기법이 사진이나 세밀화처럼 지시하고자 하는 대상

= 스콧 맥클라우드는 현대 미국의 만화가이자 만화이론가이다. 『만화의 이해』, 『만화의 미래』 등을 통해 만화를 정의했다.

의 세부까지 묘사할 수는 없어도, 대상을 단순화하여 중심이 되는 특징을 잡아 낼 수 있다고 보았다. 사진과 같은 그림은 오로지 한 사람만을 대신할 수 있다. 하지만 도상화된 그림, 즉 만화는 단순화될수록 수많은 사람의 얼굴을 대신할 수 있다. 그는 이런 만화의 특징이 우리가 어떤 발상에 관심을 가지고 집중하도록 이끄는 데 도움을 준다고 했다. 또 도상은 보편성을 가지기 때문에 누구나 그리는 대상에 쉽게 자신을 동일시할 수 있도록 큰 힘을 발휘한다고 보았다.

그의 주장은 나이키 광고에서 극단적으로 도상화된 주인공을 통해 증명할 수 있다. 위의 나이키 광고는 나이키를 입고 신은 소비자는 누구라도, 축구 스타 호나우지뉴처럼 공중 볼을 다룰 수 있을 것이라 이야기하고 있기 때문이다.

다매체 시대인 오늘날 도상의 가능성은 더욱 새롭게 주목받고 있다. 초창기 컴퓨터의 운영 체제는 도스DOS였다. 도스에서 사용하던 컴퓨터 문자 명령어는 이제 뛰어난 직관성과 효율성을 무기로 한 윈도우WINDOW 환경의 도상으로 바뀌었다. 오늘날 인터넷상에서 이루어지는 채팅이나 휴대전화의 문자 메시지에서는 이모티콘emoticon이 문자 언어를 압도하는 모습까지 보여 주고 있다. 특히 감정emotion과 도상icon이 만난 이모티콘의 경우, 초기엔 감정이 드러난 사람의 얼굴을 흉내 낸 :-) 이나 ^^와 같은 단순한 형태를 가졌다. 현재는 카톡 프렌

즈와 같이 캐릭터 이모티콘으로 발전해 현대인들의 다양한 표현 욕구를 채우고 있다.

그러나 기성세대 중 일부는 이모티콘 사용에 부정적인 반응을 보이고 있다. 이모티콘과 같은 도상의 사용이 언어를 오염시키며 사고를 단순하게 만든다는 것이다. 그들은 청소년이 이모티콘을 사용함으로써 관념적인 사고를 담아내는 긴 글쓰기에 어려움을 느끼게 되었으며, 세대 간의 의사소통 역시 단절시키고 있다고 주장한다.

최근에는 이모티콘과 관련된 사회적 논쟁도 발생하고 있다. 네이버의 메시지 앱 라인은 개인 개발자가 내놓은 동성애 커플 이모티콘을 한국에서 팔지 못하게 했다. 문화적 갈등을 불러일으킬 수 있다는 판단 때문이다. 반대로 이모티콘이 양성평등과 소수자의 인권 발전에 앞장서는 경우도 있다. 애플은 새로 운영 체제를 개발하면서 모든 스포츠와 직업 이모티콘에 여성을 등장시켰다. 또 엄지손가락 이모티콘 역시 피부색에 따라 여섯 가지 색 중 원하는 것을 고를 수 있도록 했다. 페이스북도 성소수자를 상징하는 무지개 이모티콘을 추가했다.

이모티콘 자체에 대한 반감 그리고 새로운 이모티콘에 대한 논쟁은 모두 이모티콘이 지닌 사회적 영향력을 증명한다. 이제 누구도 이모티콘 자체를 부정하기 힘들다. 이모티콘이 없는 현대인의 의사소통을 상상하기 힘들게 된 것이다.

다매체 시대를 살기 위해

오랫동안 말과 글은 의사소통의 중심에 서 왔다. 말과 글은 보다 복잡하고 추상적인 내용까지 전달하고 계속 축적할 수 있기 때문이었다. 그러나 기호는 쉽고 빠르다. 우리 주변에는 항상 기호가 함께 있다. 길거리의 신호등과 도로 교통 표지판만 보아도 그렇다. 장미 한 송이 또는 손가락 하트가 '나는 너를 사랑해.'라는 말보다 더 자주 쓰이고, 더 큰 울림을 만들기도 한다. 굳이 글로 쓰고 말하지 않아도 되는 것이다.

현대에 이르러 도상과 지표, 상징과 같은 기호의 중요성은 다시 주목받고 있다. 우리가 이미지와 소리, 말과 글이 한데 어울리는 다매체 시대를 살고 있기 때문이다. 다매체 시대는 창의적인 인재를 요구한다. 광고 제작자, 영화감독, 웹툰 작가들은 다양한 기호를 알맞은 곳에 아울러서 쓸 수 있어야 한다. 광고 제작자의 경우 사람들의 마음을 움직이기 위해 광고 한 편에도 도상과 지표, 상징을 적극적으로 사용하고 있다.

더불어 다매체 시대엔 바른 이해가 현명한 소비자, 감상자를 만든다. 앞에서 살펴보았듯 오늘날의 미디어는 말과 글, 다양한 기호가 함께 담겨 있는 직소 퍼즐과 같다. 감독 혹은 제작자들이 전하고자 하는 메시지와 의도를 바르게 이해하려면 기호의 쓰임을 예민하게 받아들이고 종합할 수 있는 능력이 필요하다. 도상에 대한 이해, 기호에 대한 관심이 선택이 아닌 필수가 된 이유가 여기에 있다.

더 생각해보기

1. 도상, 지표, 상징의 공통점과 차이점은 무엇일까? 본문을 참고해 정리해 보자.

2. 우리의 표정과 몸짓, 머리 모양부터 입은 옷까지 모두 하나의 기호가 될 수 있다. 이와 같은 방법으로 어떤 메시지를 전달하고자 했던 자신과 주변의 사례를 친구들과 나눠 보자. 성공에 이른 비법 또는 실패의 원인을 함께 찾아보는 것을 권한다.

3

오래되고도 새로운 말하기,
몸짓언어

김언동

∷ 우리 생활 속에서 감정이나 의사 표현을 할 수 있는
몸짓언어는 어떤 것이 있을까?

친구와 놀이공원에 놀러 갔다 버스를 타고 돌아오는 길. 다음 정류장에서 내릴 차례가 되자 친구는 내 눈을 그윽하게 쳐다보고는 머리를 쓰담쓰담 한다. 그리고는 "조심히 잘 들어가." 하며 인사한다. "안녕, 잘 가!"라고 인사하며 나도 친구 어깨를 토닥토닥 두드려 주었다. 버스에서 내려 친구를 쳐다보니 유리창 너머에 앉은 친구가 내게 손가락 하트를 날린다. 나도 손 하트를 크게 만들어 날려 보냈다. 그랬더니 이번에는 친구가 활짝 웃으며 윙크까지 보낸다. 몸짓만으로도 전해지는 친구의 마음에 미소가 절로 지어진다.

처음에 몸짓이 있었네

우리는 자신의 감정을 몸으로 표현한다. 일상에서 누군가를 만났을 때, 상대방의 몸짓을 보면서 감정이나 메시지를 파악할 수 있다. 나를 쳐다보는 눈, 표정, 손동작 그리고 앉은 자세 등에서 말이다. 텔레비전에서 두 나라의 대통령이 정상회담을 하는 장면이 나온다고 생각해 보자. 뉴스에서는 대통령이 서로 악수하는 장면을 내보내며 두 정상이 호감을 느끼는지 아니면 거리감을 느끼는지 파악하고 이를 기사 내용으로 다룬다. 특정한 사람의 어떤 몸짓이 부적절하다고 다뤄질 때도 있다. 한 예로, 운동 선수가 경기 도중 손으로 눈을 찢는 행동을 해 상대방 선수에 대한 인종 차별이라고 비난받기도 한다. 이처럼 우리는 다른 사람의 몸짓언어가 메시지를 준다고 여긴다.≡

≡ 미국 심리학자 앨버트 메러비안은 음색과 표정 같은 비언어적 요소의 중요성을 조사했다. 이 실험을 통해 의사소통에서 언어적 요소의 중요성은 7%에 불과하고, 청각적 요소는 38%, 시각적 요소는 55%를 차지한다는 법칙을 발견했다. 이것을 '메러비안 법칙'이라고 부른다.

김용규 · 김성규의 소설 『다니』는 여성 동물행동학자 제니퍼와 그가 연구하는 침팬지 다니와의 교감을 통해서 인간의 뿌리를 탐구한다. 다니는 제니퍼가 가르쳐 준 수화로 이야기를 나누며 자신의 감정을 자연스럽게 전달한다. 이런 다니의 모습은 아주 오래전 인류가 어떻게 의사소통할 수 있었는지를 짐작하게 한다.

침팬지, 오랑우탄, 고릴라 같은 영장류에게 언어를 가르치려는 시도는 20세기 초부터 있었다. 그러나 이 노력들은 모두 실패로 돌아갔다. 침팬지의 발성 기관을 과학적으로 연구한 끝에 과학자들은 침팬지의 발성 기관이 인간처럼 다양한 소리를 낼 수 없다는 것을 알게 되었다. 1960년대에 와서 미국 과학자들은 미국 수화를 변형시킨 자신들만의 수화를 개발하여 영장류에게 가르치기 시작했고, 상당한 효과를 거두었다.

오늘날 우리는 의사소통을 위해서 언어를 사용하고 있다. 그런데 인류가 현재와 같은 언어 체계를 갖추기 전에는 어떤 의사 전달 체계를 가지고 있었을까? 지금 우리의 의사 전달 체계를 되짚어 보면 쉽게 추측할 수 있다. 예를 들어, 화났을 때는 험상궂게 일그러진 얼굴 표정을 보여 주고, 힘든 일을 겪은 친구에게는 손을 잡으며 어깨를 토닥여 주었을 것이다. 배가 고프면 아랫배를 움켜쥐고, 사냥감을 찾아서 풀숲을 조심조심 헤치고, 내가 잡은 짐승을 다른 사람에게 들키지 않도록 조심스레 살피기도 했을 것이다. 또 사랑하는 사람에게 선뜻 맛있는 부위를 건네주고, 남은 고기는 비밀 장소에 조용히 묻어두는 그 모든 행동이 몸짓언어이다. 이처럼 몸짓언어는 어느 날 갑자기 생겨난 개념이 아니다. 우리가 아침에 눈을 뜨면서부터 하루를 살아가는 동안 하는 모든 행동이 몸짓언어라고 할 수 있다.

몸짓언어는 인류가 체계적이고 과학적인 언어를 사용하기 전부터 있었고, 지금도 우리 언어생활에 큰 영향을 미치고 있다. 몸짓언어가 비효율적이고 비능률적이기 때문에 발화 언어(소리 내어 말하는 방법)가 그 자리를 대신한 것이 아니다. 오히려 발화 언어가 전달하지 못하는 복잡 미묘한 표현을 몸짓언어가 훌륭하게 보충하고 있다. 이것은 우리의 일상생활을 돌아보면 쉽게 알 수 있다.

몸짓언어는 인간 세계를 탐험하는 지도

지리적, 민족적, 역사적 배경에 따라 우리가 쓰고 있는 언어가 다르듯이 몸짓언어 역시 각 민족이나 문화권마다 다른 모습을 보인다. 미국으로 이민을 간 교포 자녀들이 학교에서 선생님에게 야단맞을 때 오해를 사는 일이 있다. 시선을 마주치지 않고 고개를 숙이거나 돌리기 때문이다. 그 학생은 한국 가정교육에서 가르치는 대로 '어른이 말씀하실 때' 고개를 숙임으로써 '공손과 복종'의 의미를 나타낸 것이다. 하지만 미국 선생님은 '잘못을 인정하지 않고' 자신을 '무시하는 태도'로 해석한 것이다. 귀여운 아이를 봤을 때 우리는 거의 반사적으로 머리를 쓰다듬어 준다. 그런데 이슬람 문화권에서 머리를 만지는 행동은 그 사람의 정기를 빼앗거나 훼손시키는 뜻이 되어 매우 불쾌한 행동으로 여길 수 있다. 또 우리는 상대방의 물음에 긍정하거나 동의할 경우 고개를 위아래로 끄덕이지만 인도에서는 고개를 좌우로 흔드는 것이 긍정, 상하로 흔드는 것은 부정을 뜻한다. 이렇게 문화권이나 지역마다 다른 몸짓언어의 차이는 곧 인류 생활 방식의 다양성을 보여 준다.

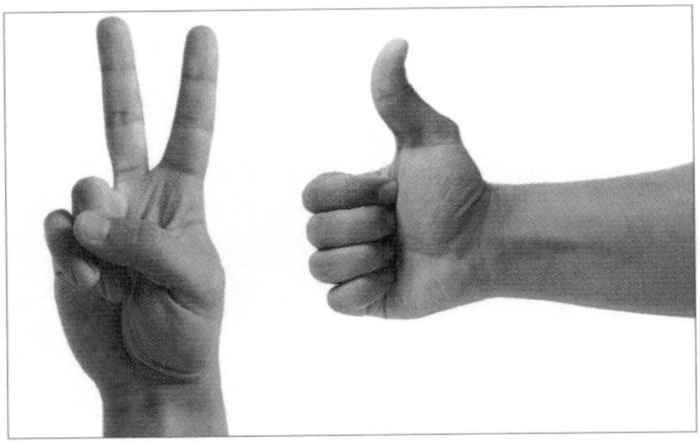

지속적인 문화 교류를 통해서 하나의 몸짓언어가 여러 지역에서 공통적인 의미를 나타내기도 한다. 승리를 뜻하는 '손가락 브이(V)' 표시는 제2차 세계대전 당시 영국 수상 윈스턴 처칠이 쓰면서 전 세계로 퍼져 나갔다. 원래 엄지손가락을 치켜세우는 것은 남자의 성기를 가리키는 비속한 표현이었다. 그러나 지금은 전 세계적으로 승리와 격려 같은 좋은 뜻으로 사용되고 있다. 모처럼 만난 웃어른에게 큰절을 하던 풍습이 간단한 목례나 악수 인사로 바뀐 것도 같은 이유이다. 반대로 어른에 대한 존경과 예의를 담은 동양식 몸짓언어인 고개를 숙여 인사하기나 절은 서양인들에게 신비감을 불러일으키기도 한다.

몸짓언어를 눈여겨봐야 하는 이유는 신체 활동도 지적, 기술적 능력 못지않게 인간의 중요한 특성이기 때문이다. 여러 학문 분야에서도 몸짓언어는 '인간이란 무엇인가'에 관한 답을 주고 있다. 동물행동학자 데즈먼드 모리스는 『피플 워칭(People Watching)』에서 인간의 몸짓(몸짓언어)이 메시지를 전달하는 다양한 모습과 방법을 알려 준다. 그는 인간이 몸짓의 개념과 방법을 익힘으로써 새로운 환경, 새로운 사람을 접하게 될 때도 유연하게 대처할 수 있는 방법을 얻게 된다고 주장한다.

사회심리학자 피터 콜릿은 『몸은 나보다 먼저 말한다』에서 '텔tell' 이라는 재미있는 개념을 제시하고 있다. 텔은 포커 게임에서 들고 있는 패에 따라 바뀌는 플레이어들의 표정, 몸짓, 버릇 등을 의미하는 포커텔pokertell에서 나온 말이다. 텔은 단순한 몸짓만이 아니라 사람의 성향이나 속마음을 드러내는 말투, 옷차림, 서 있는 자세, 눈짓, 걸음걸이, 음성의 높낮이, 생김새, 땀, 홍조 현상, 담배를 쥐는 방식 등 모든 표현 행위를 아우르는 말이다. 이를 응용하면 인사할 때 사용하는 몸짓언어는 인사텔, 거짓말할 때 나오는 불안한 동작이나 신체 변화는 거짓말텔이 된다. 그는 이러한 텔을 통해서 사람의 감춰진 속내뿐만 아니라 그 사람의 사회적 지위, 다른 사람이 관계를 맺는 방식에 대해 파악할 수 있다고 주장한다.

또 사회심리학자 에이미 커디 교수는 〈당신의 몸짓언어가 당신을 만든다〉는 테드TED≡ 강연에서 흔히 보디랭귀지라고 말하는 비언어적인 의사소통에 관해 이야기했다. 자신의 몸짓언어가 자신의 감정, 인체의 생리에까지 영향을 주기 때문에 중요하다는 것이다. 평소에 우리가 취하는 자세가 긍정적 마음가짐과 호르몬 변화에까지 영향을 준다고 한다. 더 나아가 몸짓언어가 마음을 바꾸고, 마음이 행동을 바꾸면서 삶이 달라진다고 말하며 몸짓언어가 얼마나 중요한가를 강조했다.

≡ Technology Entertainment Design의 줄임말이다. 각 분야의 전문가들이 강연자가 되어 재능 기부하는 일종의 지식 공유 강연이다. 주제에 제한은 없지만 18분 안에 강연을 마무리해야 한다. 2006년부터 인터넷에서도 누구나 강연을 볼 수 있다.

예술이 된 몸짓언어

그런데 몸짓언어로 어디까지 표현할 수 있을까? 언어로 문학작품이 만들어지듯이 몸짓언어로도 춤이나 마임과 같은 예술작품이 만들어진다. 춤(무용)은 의사 전달에서 벗어나 감정을 표현하는 예술 영역,

신체 활동 영역으로 확장된 분야다. 인간의 몸과 그 몸이 만들어 내는 갖가지 몸짓은 한 사회의 구성원들과 강한 유대감을 형성하였고, 인간에게 예술적 감동을 주게 되었다.

춤은 점점 형식이 발전하면서 갈래별로 공통의 요소와 표현법을 가지게 되었다. 한국무용, 중국의 경극, 일본의 가부키, 아르헨티나의 탱고, 아랍의 벨리댄스, 유럽의 발레와 같은 각 지역의 춤은 각자 다른 형식과 움직임을 바탕으로 발전해 왔다. 몸짓을 만들어 내는 도구는 바로 인간의 몸이다. 실제로 무용극을 보면 인간의 몸이 얼마나 유용한 표현 도구가 될 수 있는지, 얼마나 아름다울 수 있는지 경험할 수 있다.

언어를 사용하지 않고 표정과 몸짓만으로 연기하는 마임mime도 있다. 마임 공연에서 연기자는 언어뿐만 아니라 소도구나 무대 장치도 사용하지 않는다. 다만 마치 연기자 앞에 사물이 있고, 어떤 상황이 벌어진 것처럼 연기한다. 현대 마임은 프랑스의 에티엔느 드크루로부터 시작되었다. 1923년 연극배우가 되기 위해 연극 학교를 찾아갔던 그는 말보다 몸이 표현하는 세계에 감동하게 되었다. "마임 배우는 벗은 몸-순수한 몸으로 모든 것을 표현해야 한다. 그러기 위해서는 배우의 몸을 극장의 모든 장식과 조명 장치, 의상, 분장, 음악 및 희곡과 연출로부터 해방시켜야 한다."고 선언했다. 그는 당시의 코믹한 팬터마임 속에서 마임을 진지한 예술로 만들기 위해 몰두했다.

몸과 몸짓으로 만드는 아름다움의 표현이 춤과 연기의 영역으로 나아갔다면, 신체 단련과 정신 수양의 목적으로 발전한 몸짓은 갖가지 무술이다. 태권도, 택견, 쿵푸, 까포에라, 유술, 공수도[≡] 등 세계의 무술은 각자 형식과 표현을 가지고 있고 그 체계를 따르는 것이 매우 중요하다. 스포츠에서도 의사소통을 벗어난 몸짓언어를 볼 수 있다. 체조, 리듬체조, 싱크로나이즈드 스위밍, 다이빙, 피겨 스케이팅 등 다양한 종목에서 몸짓언어를 통한 표현력이 선수의 기량을 측정하는 중요한 기준이 된다.

≡ 까포에라는 기교가 많고, 유연성이 필요한 브라질의 무술이다. 유술은 손으로 치고, 찌르고, 차고, 던지는 것과 방법으로 상대를 제어하는 무술이다. 공수도는 가라테라고 불리는 일본의 전통적인 격투기이다. 역시 무기를 쓰지 않고 신체 각 부위를 이용해 상대방과 겨룬다.

때때로 우리는 친구의 몇 마디 말보다 진심이 담긴 작은 몸짓이나 행동에 감동한다. 또 나의 몸짓이나 행동은 주변 사람들이 나를 기억하게 할 수 있는 훌륭한 미디어가 된다. 결국 우리는 몸짓언어를 통해서 세상과 소통하는 지름길을 만나게 되는 것이다.

더 생각해보기

1. 여러분이 자주 사용하는 몸짓언어는 무엇인가? 그 몸짓언어를 할 때 주변 사람들의 반응은 어떤지 생각해 보자.

2. 텔레비전 인터뷰나 토론 프로그램을 보고, 출연자들의 몸짓언어를 관찰한 후 그들이 하는 몸짓언어의 의미가 무엇인지 해석해 보자.

4

세상 모든 소리가 사라진다면

홍완선

∴ 일상 대화, 영화, 텔레비전, 마케팅에서 활용되는 소리는
어떤 역할을 하고, 무슨 의미를 지니고 있을까?

국어샘이 내준 작문 숙제 '내가 사랑하는 것들'. 그냥 생각나는 대로 적으면 될 줄 알았는데 첫 문장부터 막힌다. '내가 사랑하는 풍경' 또는 '내가 사랑하는 소리' 중 나는 '소리'를 택했다. 그런데 듣기 싫은 소리가 먼저 생각난다. 학교 가라고 아우성치는 알람 소리도 싫고, "숙제는 다 했니?" 하는 부모님 잔소리도 싫다. 그런데 나는 사랑하는 소리를 이야기해야 한다. 물론 좋아하는 소리도 있다. 무엇보다 수업 종료를 알리는 종소리가 참 좋다. 한숨 잠을 자도, 매점에 다녀와도 되기 때문이다. 그래, 좋아하는 게임에서 나의 승리를 알려 주는 목소리도 참 좋다. 또 뭐가 있을까?

우리를 부르는 소리

우리가 아침에 눈을 뜨기 위해 준비하는 것은 '알람'이다. 시계나 휴대전화 소리는 귀의 고막을 진동시켜 우리가 일어나야 할 시간임을 알려 준다. 사실 청각은 시각 못지않게 중요한 감각기관으로 삶을 꾸려 가는 중요한 수단이 된다. 흔히 '텔레비전을 본다, 영화를 본다'고 하지만 정확히 말하면 텔레비전이나 영화 모두 보고 듣는 미디어가 아닐까? 사실 인간의 감각기관 중 청각은 시각보다 먼저 자리 잡고 그 역할을 다해 왔다. 한 연구에 따르면, 임신 4개월 때부터 발달하기 시작한 태아의 청각 기능은 임신 8개월이면 완성된다. 엄마, 아빠의 말소리를 구분하고 바깥 세계의 소리에 민감하게 반응하기 시작하는데, 실수로 문을 쾅 여닫거나 그릇을 깨뜨리면 태아의 혈압은 심하게 오르내린다고 한다. 인간이 소리에 얼마나 의존하는지 알 수 있는 결과다.

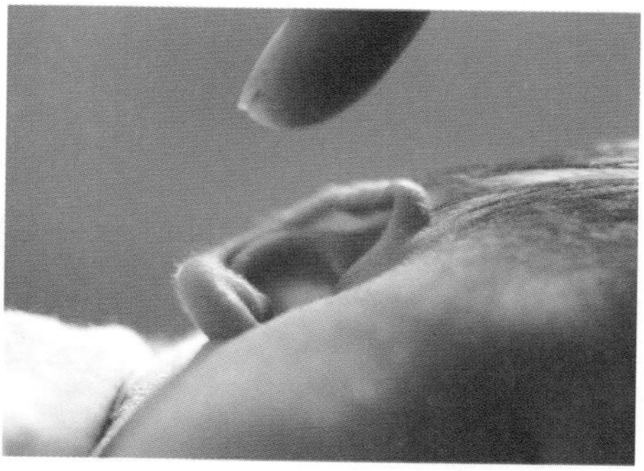

2002년에 한국교육방송공사(EBS)의 한 프로그램에서 일반인을 대상으로 소리에 대한 실험을 진행했다. 실험에 참여한 사람들을 두 그룹으로 나눠 똑같은 내용이지만 서로 다른 배경 음악을 넣은 동영상을 시청하게 했다. 동영상에는 어린아이가 아장아장 걸어 다니며 장난치는 모습이 담겨 있었다. 그런데 흥미로운 결과가 나왔다. 경쾌한 음악이 깔린 동영상을 본 사람들은 찾아내지 못한 사실을, 슬픈 음악이 깔린 똑같은 동영상을 본 사람들은 찾아냈다. 아장아장 걷던 아이의 다리에 장애가 있다는 사실을 발견한 것이다. 실험 결과는 음악 또는 소리가 우리의 인식과 판단력에 미치는 영향력을 잘 보여 준다.

오래된 역사를 거치며 인간은 문자 언어(글말)를 발명한 후 입말 문화에서 글말 문화로 발전했다. 하지만 우리의 일상생활에서 소리를 바탕에 둔 청각 언어(입말)의 중요성이 줄어든 것은 아니다. 글말에 비해 입말은 성량, 속도, 어조 등을 기본으로 한다. 이런 비언어적 소통 수단은 여러분이 똑같은 문장을 말해도 어떤 상황에서 무엇을 이야기하려는지 알 수 있게 해 준다.

'비가 오네.'라는 문장을 보자. 만일 글말이라면 앞뒤 문장을 보면서 말하는 이가 어떤 상황에 놓였고, 어떤 의도를 갖고 있는지 일일이 설명해야 한다. 그런데 입말에서는 성량, 속도, 어조 등을 통해 의미와 느낌을 간접적으로 드러낼 수 있다. 즉, 갑자기 비가 온 날 우산을 챙긴 사람이 반가운 어투로 이야기하는 "비가 오네."와 비 오는 날

에 연인과 헤어진 추억을 가진 사람이 조용히 내뱉는 "비가 오네."는 쉽게 구분이 가능하다.

웃기고 울리는 소리

요즘은 최첨단 미디어를 통해 청각 언어보다는 시각 언어에 더 많이 의존하는 경향이 높다는 의견이 있다. 그러나 반드시 그렇다고 이야기하기는 어렵다. 앞에서 살펴본 것처럼 우리가 '본다'라고 이야기하는 시각 미디어들은 실제로는 시청각 미디어다. 우리가 소리가 나오지 않는 텔레비전을 사고, 온몸을 전율하게 만드는 음향 시스템이 없는 영화관을 찾을 수 있을까?

말에 담긴 성량, 속도, 어조만이 소리의 전부는 아니다. 소리란 우리의 말소리를 의미하는 음성뿐 아니라, 각각의 사물이 가지는 음향 그리고 인간이 만들어 낸 음악으로 나눌 수 있다. 사람들은 음성, 음향, 음악과 같은 소리를 들으면 각자 떠올리는 뜻과 이미지가 있다. 그래서 소리 그 자체만 들어도 혹은 시각과 합쳐져 사람들에게 일정한 모습을 떠올리게 만든다.

영화에서도 소리는 크게 세 가지로 분류된다. 음성, 음향, 음악을 각각 대사, 사운드 효과, 영화음악이라고 부른다. 영화에서 사용하는 소리는 영화의 서

사와 이미지를 만드는 데 중요한 역할을 한다. 특히 공포영화는 관객이 눈보다 귀를 통해 최대한 공포를 느끼도록 한다. 공포영화가 주는 두려움을 극복하는 가장 손쉬운 방법은 바로 귀를 막고 영화를 보는 것이다. 어디선가 들려오는 발자국 소리, 음산한 웃음소리와 천둥소리, 비명 소리를 듣지 않는 것만으로도 두려움은 반으로 줄거나 사라진다.

또 영화음악은 부드럽게 화면을 전환하면서 장면과 장면이 이어지게 하고, 등장인물의 성격이나 장면의 분위기 혹은 시대적 배경을 설정하기도 한다. 그리고 특정 장면에서 영상만으로는 표현하기 어려운 정서를 이끌어 내 관객의 태도를 감독이 원하는 방향으로 유도할 수 있다. 뿐만 아니라 흥분과 긴장을 최고조로 만들기도 하고, 때때로 영상과 전혀 어울리지 않는 음악을 넣어 특별한 효과를 선사하기도 한다. 더 나아가 영화음악은 이야기와 결합되어 특별한 기억을 남길 수 있다.

영화음악의 힘과 역할을 보여 주는 영화로 〈굿모닝 베트남〉(베리 레빈슨 감독, 1987)을 들 수 있다. 이 영화는 1960년대 베트남 전쟁 당시 미군 방송을 하던 디제이 애드리안을 통해 전쟁의 참혹함과 평화에 대한 집념을 그려낸다. 영화 중반 애드리안이 루이 암스트롱의 노래를 틀어 주면서 시작되는 장면은 이 영화의 백미이다. 생기 넘치는 시장 풍경을 보여 준 이후에 학생들의 전쟁 반대 시위와 유혈 진압, 피에 젖은 신발, 농사짓던 아낙네 뒤로 떨어지는 포탄과 그로 인해 불타 버리는 마을이 한 장면씩 연결되는데, 그 뒤로 흐르는 배경 음악이 바로 〈What a wonderful world〉이다. 이 노래는 세상이 얼마나 놀랍고 아름다운지 노래하는 희망찬 가사가 쓰인 곡이다. 관객들은 서로 어울리지 않는 것 같은 장면과 음악 때문에 무척 당혹스럽다가도 위안을 받고, 이 곡이야말로 영화의 주제를 분명하게 드러낸다는 것을 깨닫는다.

코미디 프로그램이나 시트콤이 우리를 웃기는 데도 소리가 큰 역할을 한다. EBS의 〈와우! 미디어 탐험〉 중 '소리의 마술' 편(2002년 12월 27일 방송)은 소리가 시청자의 웃음에 미치는 영향을 확인하기 위해 작은 실험을 했다. 프로그램 제작진은 독립된 두 개의 방에 같은 수의 그룹을 넣은 후 같은 회차의 시트콤을 시청하도록 했다. 그 결과 두 개의 방에서 터져 나온 웃음의 횟수는 배 이상 차이가 났다. 이런 차이는 어디서 발생했을까? 이유는 효과음에 있었다. 한쪽 방에는 공개방송 관객의 웃음소리를 효과음으로 넣은 방송을 틀고, 다른 방에는 해당 효과음을 제거한 방송을 틀었던 것이다. 똑같은 내용의 시트콤을 보던 시청자라도 다른 사람의 웃음소리를 들으면 더 적극적으로 웃었다. 코미디 프로그램이나 시트콤에 등장하는 웃음소리 효과음은 시청자들의 호응을 끌어내려는 도구임을 깨달을 수 있다.

상품을 파는 소리

이러한 소리의 힘을 잘 이용하는 분야가 마케팅(판매를 늘리기 위해 하는 광고, 선전, 판매 촉진 방법)이다. 스포츠카나 오토바이 개발자들은 조용한 엔진 소리보다는 고급스러운 엔진 소리를 만들기 위해 노력한다. 그리고 디지털 카메라 개발자들은 일부러 필름 카메라의 '찰칵' 하는 셔터 소리를 모방한다. 상품의 가치를 높이기 위해 소리를 적극적으로 활용하는 전략이다.

그런가 하면 백화점과 쇼핑몰에서는 음악을 통해 고객의 구매 행위를 북돋운다. 매장에서는 시간대에 따라 그리고 고객 연령대에 따라 음악 선곡을 달리한다. 예를 들어, 한화유통은 고객이 제일 많은 오후 4~6시에 빠른 박자의 팝송을 틀어 손님들의 스트레스를 풀어주는데, 이러한 음악 마케팅을 활용한 덕분에 10% 정도 매출이 늘어나는 효과를 거두고 있다고 한다. 또한 GS홈쇼핑은 방송 배경 음악 1만여 곡을 분석했다. 일반적으로 팝댄스곡이 가장 인기 있지만 품목에 따라 효과적인 음악이 달랐다는 결과를 내놨다. 효도 상품은 트로트가요, 컴퓨터나 레포츠 상품은 테크노 음악이 흐를 때 매출이 좋았다는 것이다.

TGI프라이데이나 스타벅스 같은 외식업체들은 가게를 찾은 손님의 만족도를 올려 줄 수 있는 중요한 요소로 음식과 커피의 맛뿐만 아니라 음악과 커피 뽑는 소리를 꼽았다. 그리고 이에 따른 대처 방안을 내놓았다. 이를 테면, TGI프라이데이는 늦은 밤 데이트하는 연인들을 위해서 리듬 앤 블루스 음악을 준비하고, 주말 가족 단위 손님을 위해서는 고전적인 팝송을 튼다. 스타벅스는 직접 제작한 CD에 집중력을 높여 주는 부드러운 재즈 음악을 골라 담고, 이를 전 세계 매장에 배포한다.[7]

특정한 매장을 찾아야만 소리 마케팅을 경험할 수 있는 것은 아니다. 오히려 소리 마케팅 혹은 음악 마케팅은 우리와 가까운 곳에서 더 힘을 발휘한다. 혹시 이런 노래들을 기억하고 있을까?

"손이 가요 손이 가, 새우깡에 손이 가요"

"연두해요, 연두해요, 요리할 땐 연두해요"

광고를 위해 만든 광고음악, 이른바 'CM송'은 광고에 등장하는 유명 연예인보다 커다란 힘을 발휘할 수 있다. 앞에 소개한 두 노래는 짧고 간략한 형식에 잦은 반복을 넣어 소비자들이 자연스레 노래를 따라하게 한다. 이미 발표된 노래를 활용하기도 한다. 마이크로소프트사는 윈도우8을 발매하면서 렌카의 노래 〈Everything at once〉를 광고음악으로 활용했다. '모든 것을 한 번에'라는 뜻을 가진 노래 제목과 가사가 휴대전화와 개인 컴퓨터의 통합을 목표로 만들어진 운영체제 윈도우8에 걸맞았기 때문이다.

완결된 노래 한 곡이 아니어도 광고에 기여할 수 있다. 바로 사운드 로고다. "뚜두~두~둥~, 인텔 인사이드 로고를 확인하세요"와 같이 기업이나 상품명 앞에 특정한 소리를 삽입한다. 소리로 기업의 이미지를 만드는 것이다. 또 "I'm your energy"(GS칼텍스), "I'm lovin' it"(맥도날드)과 같이 해당 상품명이나 표어에 리듬을 넣어 읽는 것만으로도 엄청난 광고 효과를 누릴 수 있다.

들어 봐, 이제 너의 소리를!

빗소리를 듣다 여러분도 모르게 부침개나 김치 수제비를 먹고 싶다고 생각한 적이 있을 것이다. 하루 종일 똑같은 CM송을 부르고 있는 자신을 발견하고 놀란 경험도 한 번쯤은 있을 것이다. 소리가 없는 우리의 일상생활은 결코 생각할 수 없다.

우리는 휴대전화를 사자마자 자신이 좋아하는 노래를 벨소리로 등록한다. 그리고 친구나 가족들의 전화는 바로 확인할 수 있도록 특정한 멜로디를 지정한다. 좋아하는 가수를 공통점 삼아 친구를 사귀고, 친구에게 내가 좋아하는 음악을 추천하는 것으로 우정을 나눈다. 사람들로 붐비는 대중교통을 이용하더라도 이어폰을 통해 내가 좋아하는 음악을 듣는다면 한결 견딜 만하다. 더 나아가 보다 좋은 소리를 듣기 위해 고가의 이어폰이나 헤드폰을 구매한다. 아예 음질이 좋다는 휴대전화 구입을 고려하기도 한다.

그러나 이게 끝이 되어서는 안 된다. 소리의 효과와 의미를 잘 활용하면 우리는 보다 따뜻한 사람, 지혜로운 사람이 될 수 있다. 첫째, 여러분의 일상적인 대화에서부터 소리에 민감해지길 권한다. "비가 오네."에서 확인했듯이 말의 성량, 속도, 어조 등에 주의를 기울이면 자신의 감정과 의도를 보다 잘 전달하고, 상대방이 말하고자 하는 것을 놓치지 않을 수 있다. 둘째, 음향 및 음악을 통해 창작자가 의도한 바를 미루어 추측할 수 있다면 영화와 같은 종합 미디어를 보다 풍부하게 읽을 수 있다. 셋째, 내가 흥얼거리는 CM송의 진짜 목적이 무엇인지를 안다면 광고가 홍수처럼 밀려드는 소비사회에서 주체성을 가진 소비자가 될 수 있을 것이다. 수천수만의 소리가 여러분의 마음을 얻기 위해 지금도 여러분의 귓전을 때리고 있다.

더 생각해보기

1. 본문의 사례를 참조하여 내가 접한 영화와 텔레비전, 또는 마케팅에서 활용된 소리를 하나씩 골라 보자. 소리가 어떤 식으로 쓰였는지, 어떤 이미지를 떠오르게 하는지 분석해 보자.

2. 위의 소리가 다른 요소와 어떻게 관련을 맺고 있으며, 소리의 역할은 무엇일까 생각해 보자.

슬기로운 미디어생활

2

보고 듣고 맛보고 즐기는 미디어생활

; 스토리와 콘텐츠

1

우리를 사로잡는 이야기의 힘

송여주

∴ 이야기를 구성하는 요소에는 무엇이 있고,
각 구성 요소들은 어떤 역할을 할까?

주위는 어둑하니 비까지 내리는 오후 국어 시간. 지루해진 친구 한 명이 은근슬쩍 운을 뗀다. “선생님, 진짜 귀신이 있어요?” 하는 순간 속으로 ‘앗싸!’ 소리가 절로 나온다. 우리 마음을 알아챘지만 선생님은 “글쎄.” 하며 모른 척한다. 다급해진 반 친구들은 “선생님, 이런 날은 무서운 이야기가 짱이죠.” 간절한 눈빛으로 “귀신 이야기 해 주세요.” 라며 조르기 시작했다. 우리 마음이 전해진 걸까? 선생님은 결국 최대한 실감 나게 귀신 흉내를 내며 이야기를 시작한다. 동시에 몸이 오싹해져 온다. 그날 국어 시간은 재미있는 이야기 덕분에 훌쩍 지나간 것 같다.

선생님, 귀신 이야기 해 주세요

세상에는 어쩌면 이렇게 재미있는 이야기가 넘쳐 날까? 영화, 드라마, 소설, 만화, 게임까지. 그럼에도 우리는 여전히 이야기에 목마르다. 대체 이야기 안에 무엇이 있기에 사람들은 끊임없이 이야기를 원하고 만드는 것일까? 이야기는 이 세상이 생겨난 때부터 존재해 왔다. 전 세계 민족에는 세상과 인간이 창조된 사건을 다루는 '창세 신화'가 있다. 인간이 자신의 존재를 설명하기 위해 아주 오랜 옛날부터 이야기를 사용해 왔다는 것을 보여 준다.≡

≡ 널리 알려진 창세 신화로는 그리스신화의 가이아와 우라노스 신화, 중국의 반고와 여와 신화, 이집트의 누트와 게브 신화 등이 있다.

우리나라에도 창세 신화 '대별왕과 소별왕' 이야기가 있다. 천지왕(옥황상제)에게는 대별왕과 소별왕이라는 두 아들이 있었다. 천지왕은 이승과 저승을 다스릴 왕을 선택하기 위해 아들들에게 과제를 준다. 소별왕의 꼼수로 대별왕이 저승을 다스리게 되고, 형보다 능력이 부족한 소별왕이 이승을 다스리게 되면서 인간 세계에 싸움과 분열 그리고 악이 생겨났다. '대별왕과 소별왕'에서도 알 수 있듯이, 이야기란 현실 또는 허구의 사건과 상황을 시간과 공간 속에서 연속적으로 표현한 것이다.[8]

이야기는 '서사敍事' 혹은 '내러티브narrative'라는 용어를 쉽게 풀이한 말이다. 우리는 이야기라고 하면 설화, 서사시, 서사무가, 소설과 같은 문학 장르를 떠올린다. 그러나 다양한 미디어의 발달로 인해 이야기의 모습은 점점 다양해졌다. 이야기는 언어만 사용해 만들어지는 소설뿐만 아니라 영화, 만화, 광고, 드라마, 게임, 웹툰과 같은 미디어에서도 중요한 역할을 한다. 물론 미디어에 따라 이야기의 내용과 표현 방식은 달라진다. 하지만 이야기를 구성하는 요소들은 공통점이 있다. 인물, 배경, 사건, 구성, 시점, 서술 행위 등이 바로 그 요소이다.

이야기는 어떻게 만들어질까

한 편의 이야기는 어떻게 만들어질까? 우리에게도 익숙한 추리 소설 『셜록 홈즈』 시리즈를 떠올려 보자. 소설에는 '셜록 홈즈'와 그의 친구 '왓슨 박사'가 등장한다. 왓슨 박사는 등장인물이면서 소설 속에서 이야기를 말해 주는 서술자(말하는 이)이다. 추리 소설에서 없어서는 안 될 해결하기 어려운 범죄 사건이 등장하고, 사건을 해결하기 위한 또 다른 사건들(행위들)이 펼쳐진다. 또한 그 사건들이 일어나는 시공간적 배경이 존재한다.

그렇다면 사건의 내용과 등장인물, 배경이 등장하는 이야기를 서술하는 것만으로 재미가 완성될 수 있을까? 처음 쓰인 지 무려 100년이 흘렀는데도 『셜록 홈즈』 시리즈가 독자를 사로잡은 비결은 무엇일까? 바로 작가가 이야기를 엮어 가는 과정에서 보여 주는 재미 때문일 것이다. 『셜록 홈즈』 시리즈에서는 과거에 일어난 범죄 사건이 나중에 서술된다. 즉, '셜록 홈즈'가 의뢰받은 사건이 먼저 등장하고, 과거에 일어난 범죄 사건은 시간의 순서

와는 반대로 나중에 등장한다. 그리고 범죄 사건의 진실은 절대 먼저 밝혀지지 않는다. 셜록이 멋있게 해결해야 하기 때문이다. 이때 독자는 셜록이 사건을 해결하는 과정에서 사건의 원인과 결과가 딱 맞아떨어지는 절묘함을 느끼며 무릎을 치게 된다.

이러한 사건을 배열하는 방식은 소설의 구성에서 핵심적인 역할을 담당한다. 사건을 원인과 결과의 관계로 엮어 배열한 것이 바로 플롯plot이다. 즉, 플롯은 이렇게 사건들을 다양하게 엮고 구성하는 방식이다. 시간 순서를 바꾸기도 하고, 다양한 사건 중에 특정한 것을 강조하여 독자들이 특정한 내용을 해석하도록 유도하기도 한다. 또한 사건을 배열하는 과정에서 사건을 세밀하게 다루거나 생략하기도 한다.[9] 똑같은 사건 내용과 등장인물, 배경을 가지고 다른 작가가 썼다면, 혹은 추리 소설이 아닌 다른 장르였다면 우리가 아는 『셜록 홈즈』 시리즈는 전혀 다른 플롯을 가질 수 있다. 『셜록 홈즈』가 로맨스 소설이라면, 셜록이 의뢰인 여성과 처음 만나 점차 사랑의 감정을 키워 나가는 과정이 중심 플롯이 될 것이다.

한편 플롯은 사건들을 중심으로 인물 사이의 갈등 관계를 만들어 나간다. 고전 소설 『홍길동전』을 떠올려 보자. 홍길동이 서자여서 호부호형 하지 못하는 사건이 홍길동과 아버지 사이에 갈등을 일으키는 원인이다. 그 뒤에 아버지의 애첩 초란이 홍길동을 암살하려다 실패하는 사건이 위의 사건과 이어져 또 다른 갈등을 낳는다. 결국 홍길동의 가출이라는 다른 사건으로 나아간다. 홍길동의 갈등이 점차 커지며 신분 차별과 부패한 권력이 지배하는 당시 사회와의 갈등으로 발전하는 것이다. 이렇듯 플롯은 이야기를 만드는 데 인물과 더불어 중요한 역할을 하는 장치로서 특정한 장르에서 공통된 플롯이 나타나는 경우도 있다. 예를 들어, 어린이 모험 애니메이션은 대체로 다음과 같은 구조를 지닌다.

1. 주인공과 주인공의 친구들이 여행을 가거나 특정 장소로 간다.
2. 포켓몬, 자동차, 로봇처럼 주인공을 강하게 만들어 줄 대상이 등장한다.
3. 악당이 등장하고 한판 대결을 벌인다.
4. 주인공이 승리한다.
5. 다음 회를 약속한다.

이처럼 반복되는 이야기의 구성은 시대 상황 그리고 장르와 미디어에 따라 바뀐다. 그러나 시대가 달라져도 이야기를 창작하는 데 변함없이 중요한 역할을 한다.

말하는 이가 달라지면 이야기도 달라져

이야기는 누구에 의해, 어떤 관점에서 서술되었는지에 따라 전혀 다른 성격을 띤다. 같은 사건이라도 자신의 경험을 직접 말하는 것과 제삼자가 전하는 것은 독자에게 전혀 다른 느낌을 줄 수 있다.

여러분이 한 번은 읽거나 들었을 『아기 돼지 삼형제』를 떠올려 보자. 아기 돼지 삼형제가 부모로부터 독립하면서 집을 짓는다. 맏이는 짚으로, 둘째는 나무로, 셋째는 벽돌로 집을 지었다. 그런데 늑대가 코와 입으로 바람을 불어 차례차례 집을 날린 후 돼지들을 잡아먹으

폴 갈돈, 시공주니어, 2007

존 셰스카·레인 스미스, 보림, 1996

려고 했다. 맏이와 둘째의 집은 날아가 늑대에게 잡아먹혔지만, 셋째의 집은 튼튼해서 늑대가 날려 보낼 수 없었다. 결국 늑대는 셋째를 잡아먹으러 굴뚝으로 들어가다가 아궁이 불에 타서 죽고 만다. 3인칭 시점의 이 동화에서 굳이 '나쁜 늑대', '성실한 셋째 돼지'라고 쓰지 않아도 읽는 사람은 권선징악 구조 안에서 이해한다. 무작정 아기 돼지 집을 돌아다니며 잡아먹으려고 꾀를 부리는 늑대를 어떻게 나쁘다고 하지 않을 수 있을까?

그런데 늑대의 시점에서 '아기 돼지 삼형제'를 쓴다면 어떨까? 『늑대가 들려주는 아기 돼지 삼형제 이야기』는 미국의 동화작가 존 셰스카가 창작한 동화다. 늑대의 1인칭 시점으로 서술되는 첫 장면은 이렇게 시작된다. "우리 늑대가 토끼나 양이나 돼지같이 귀엽고 조그만 동물을 먹는 건, 우리 잘못이 아니야. 원래 우리는 그런 동물을 먹게끔 되어 있거든. 치즈버거를 먹는다고 해서 너희를 커다랗고 고약한 사람이라고 한다면, 그게 말이 되니?"

게다가 늑대는 아기 돼지 삼형제 집에 케이크에 넣을 설탕을 빌리러 갔을 뿐이다. 어쩌다 보니 기침감기로 아기 돼지들의 집을 날려 버렸고, 차마 죽은 돼지의 고기를 포기할 수 없어 먹은 것이다. 감옥에 갇힌 늑대는 억울하다고 호소한다. 『늑대가 들려주는 아기 돼지 삼형제 이야기』는 이렇게 서술자의 시점을 달리한다. 그럼으로써 독자에게 원작 동화를 읽을 때 이해한 늑대와 돼지의 성격과는 다른 해석을 요구한다.

사실 우리가 알고 있는 원작 동화는 3인칭 시점으로 쓰여 있어 마치 객관적인 입장에서 이야기를 들려주는 것처럼 보인다. 하지만 서술자를 늑대로 바꾸어 1인칭 시점으로 쓴 패러디 동화를 읽으면 인물에 대한 해석이 달라진다. 용서하기 힘든 '악한 늑대'와는 다르게 어쩔 수 없는 사정을 가진 '억울한 늑대'의 마음을 생각하게 만든다. 결국 모든 이야기는 서술하는 사람과 관점에 의해 구성된다는 것을 잘 보여 준다.

이야기가 우리에게 주는 선물

우리의 삶에서 이야기가 한 최초의 역할은 교육이다. 원시시대부터 인간은 이야기를 통해 지식과 지혜를 전달했다. 물고기와 짐승을 잡는 방법도, 부족의 역사도, 식물의 이름과 특징을 알려 주는 것도 모두 이야기였다. 여전히 어린이들은 이야기 안에 담긴 교훈을 통해 인간 사회의 기본적인 규칙을 배운다. 애니메이션 〈뽀롱뽀롱 뽀로로〉는 아기 펭귄 뽀로로와 친구들의 이야기를 통해 어린이들이 배워야 할 교훈을 알려 준다. 거짓말을 하지 말자, 친구와 사이좋게 지내자,

놀이에서 자기 고집만 피우지 말자, 착하게 살자와 같은 삶의 가장 기본적인 규칙을 익혀 왔다.

무엇보다 이야기는 우리의 삶을 재미있게 만드는 요소들 중 큰 역할을 한다. 현실에서는 이루어질 수 없는 상상이 이야기를 통해 펼쳐지면 끝없는 재미를 느낀다. 아이언맨, 스파이더맨, 캡틴 아메리카, 원더우먼, 캣우먼 등 슈퍼 히어로들이 활약하는 이야기를 보면 짜릿하다. 평범한 삶에서 잠시 벗어나 통쾌함과 즐거움을 누릴 수 있기 때문이다. 그런데 비현실적인 상상을 다룬 이야기뿐 아니라, 현실에서 일어날 법한 이야기에서도 재미를 느낀다. 〈학교〉 시리즈는 청소년의 일상이 펼쳐지는 학교를 배경으로 한 KBS 드라마다. 1999년부터 2017년까지 7개의 시리즈가 만들어졌다. 드라마 속 이야기가 청소년의 공감을 얻었고 즐거움을 주었기 때문이다.

한편 우리는 이야기에 등장하는 인물들과 함께 기쁨, 분노, 슬픔, 즐거움, 무서움 등 다양한 감정을 느낀다. 이런 인물의 감정이 우리 마음에 깊이 와 닿을 때 감동을 느낀다. 영화 〈변호인〉(양우석 감독, 2013)에는 국가 권력에 의해 간첩으로 몰리는 평범한 대학생이 나온다. 그가 고문을 받다가 서서히 망가지는 모습을 보면 분노와 슬픔을 느낀다. 그렇기에 얼마든지 편하게 살 수 있었지만 그 청년을 위해 함께 싸운 변호사의 삶을 보며 감동을 받는다. 영화 〈부산행〉(연상호 감독, 2016)을 본 사람들은 다른 사람을 공격하고 물어뜯는 피투성이 좀비의 모습에서 공포를 느낀다. 게다가 좀비는 엄청 빠르기까지 하다. 그런데 공포감을 주는 영화에서 느끼는 감동은 어디서 오는 걸까? 바로 죽음에 대한 두려움에도 불구하고 인물들이 보여 주는 인간에 대한 사랑이다. 아버지의 딸에 대한 사랑, 아내나 연인에 대한 사랑, 아이와 임산부처럼 약한 사람에 대한 보살핌의 마음이 느껴지기 때문이다.

우리가 이야기를 통해 하는 간접 경험은 우리를 한층 더 성장시킨다. 박경리의 소설 『토지』를 읽으며 일제 강점기와 해방, 한국전쟁에 이르는 한국사를 살아간 인물들에 자신을 대입해 본다. 나라면 어떻게 살까, 어떤 선택을 할까. 개인적 욕망과 사회적 도리 중에 무엇을 선택할 것인가, 누가 선하고 누가 악한 인물인가 같은 질문을 하게 만든다. 그래서 읽는 이가 인간의 삶을 깊이 있게 돌아보게 한다.

이야기는 우리에게 삶의 진실을 피하지 않기를 제안한다. 이야기는 나와 다른 사람, 나와 사회를 연결한다. 이야기는 우리를 하나의 공동체로 묶는다. 소설이나 영화, 드라마 속의 이야기가 사랑, 성장, 전쟁, 가족애처럼 뻔한 소재와 주제를 담고 있어도 구성에 따라, 서술자와 시점에 따라 그 맛은 엄청 달라진다. 그리고 이 모든 이야기들은 재미와 감동, 교훈과 지혜를 주며 우리와 함께 성장해 나간다.

더 생각해보기

1. 자신이 즐겨 보는 만화, 애니메이션, 영화, 드라마에서 반복되는 이야기 구성이 있는지 생각해 보자.

2. 「콩쥐팥쥐」 이야기를 팥쥐의 시점에서 재구성한다면 이야기 내용은 어떻게 바뀔까? 여러분이 직접 줄거리를 써 보자.

2

이야기는 살아 있다

송여주

:: 이야기의 변주가 일어나는 이유는 무엇일까?

"너 그 소식 들었어? 웹툰 <신과 함께> 저승편을 바탕으로 만든 영화 1편이 개봉했대. 내가 제일 좋아하는 웹툰인데 너무 기대돼." 짝꿍 서린이 목소리에 흥분이 가득하다. 얼마 전 국어 샘도 <신과 함께>가 죽음에 관한 우리나라 설화를 현대적으로 바꾼 웹툰이라며 소개해 주셨다. 나도 호기심이 생겨서 몇 편 봤는데 꽤 재미있었다. 이미 게임과 뮤지컬로도 만들어졌다던데 웹툰과는 어떤 다른 재미가 있을까 궁금하다. 생각해 보니 하나의 이야기가 다른 미디어로 만들어지는 경우가 많았던 것 같다. 나 역시 소설이 원작인 영화를 많이 봐 왔으니까.

마법처럼 변화하는 이야기들

호그와트 마법학교, 9와 3/4 플랫폼, 헤르미온느, 론, 말포이……. 아마 여러분 중에도 첫 번째 단어를 읽자마자 소설 제목을 알아차린 사람이 많을 것이다. 바로 1997년 처음 출간된 영국 작가 조앤 롤링이 쓴 소설 『해리 포터』 시리즈이다. 『해리 포터와 마법사의 돌』부터 『해리 포터와 죽음의 성물』까지 총 7편이 출간되었고, 79개 언어로 번역되어 전 세계에서 4억 5,000만 권이 팔렸다. 영화 〈해리 포터〉 시리즈는 원작을 충실히 재현했다는 평가를 받으며 소설 못지않은 인기를 누렸다. 뿐만 아니라 영화, 연극, 컴퓨터 게임, 웹사이트와 같은 다양한 미디어로 끊임없이 만들어져 왔다.

이런 예는 드물지 않다. 『해리 포터』 시리즈를 능가하는 팬덤fandom≡을 가지고 있는 아서 코난 도일의 『셜록 홈즈』 시리즈 역시 처음에는 소설로 창작되었다. 이후 수많은 영화들, 드라마, 컴퓨터 게임, 박물관 등 거의 모든 미디어로 변환되었다.

≡ 팬(fan)과 덤(-dom)이 합쳐진 말이다. 특정한 인물이나 분야를 열성적으로 좋아하거나 몰입하여 그 속에 빠져드는 사람을 가리킨다.

개인의 창작물에서 시작된 이야기 외에도 설화(신화)를 토대로 시리즈가 되는 작품도 많다. 저승차사 설화, 제주 신화, 가정 신앙 설화를 원천 이야기로 하는 주호민의 웹툰 〈신과 함께〉는 뮤지컬, 게임, 영화 등의 미디어로 재창작되고 있다. 우리나라의 고전 『춘향전』은 원래 입으로 전해지던 구전 문학이었다. 그러다 판소리와 국문소설이 되었고, 현대에 와서 영화, 드라마, 뮤지컬, 연극, 오페라, 창극 등으로 만들어지고 있다. 이처럼 이야기들이 하나의 원천 이야기로부터 여러 다른 미디어로 변하는 것을 변주變奏라고 한다. 한 이야기가 인쇄 미디어, 영상 미디어부터 디지털 미디어를 아우르는 변주의 폭은 미디어가 다양화될수록 계속 늘어나고 있다.

어디선가 본 낯익은 이야기들

다양한 미디어로 변주되는 이야기에는 시리즈(연관 작품)로서 가지는 공통점과 차이점이 드러난다. 예를 들어, 『춘향전』이 소설, 영화, 드라마와 같이 다양하게 바뀌어도 절대 변하지 않는 것이 있다. 주인공 성춘향과 이몽룡이다. 열여섯 살에 만나 신분 차이에도 불구하고 절절한 사랑을 나누었던 기생 딸 춘향이와 사또 아들 이몽룡이 없으면 『춘향전』이 아니다. 이처럼 원천 이야기가 변주가 될 때에도 독자들을 사로잡았던 개성 있고 매력적인 주인공은 여전히 살아 숨쉰다. 그러나 주인공의 성격은 변주된 이야기 안에서 다양하게 재해

J. K. 롤링, 문학수첩, 2014

아서 코난 도일, 황금가지, 2002

석된다.

한편 컴퓨터 게임, 웹과 같은 디지털 미디어가 등장하고 문화 산업이 발전한 지금 더욱 중요해진 장치가 있다. 변주된 이야기들을 하나로 묶어 주는 이야기 속의 세계, 바로 공간이다. 셜록 홈즈의 가상 주소인 영국의 '런던 베이커가 221번지 B호'와 『해리 포터』 시리즈의 가상 공간인 '호그와트 마법 학교'는 단순한 공간적 배경이 아니다. 하나의 시리즈로 묶는 서사적 장치이다.

여러분이 읽었던 『해리 포터』 시리즈를 떠올려 보자. 평범한 일반인 머글이 사는 세계와 마법사의 세계가 나온 것을 기억할 것이다. 이 두 공간은 서로 대립하고 갈등을 일으키는 공간이다. 두 세계가 존재하는 것만으로도 이야기를 끌어가는 서사적 장치가 된다. 어떤 이야기가 시작될 때 여러분은 런던 베이커가 221번지 B호라는 주소만 보아도 "아, 셜록 홈즈!" 하며 즉각 알아차리게 될 것이다. 이렇게 미디어가 달라져 새로운 이야기가 되어도 '낯익은' 세계, 즉 이야기 속의 공간이 원천 이야기와 변주된 이야기 사이를 연결시킨다.

새로 입은 옷을 찾아봐

이야기는 미디어가 바뀔 때마다 새로운 옷으로 갈아입는다. 우리는 소설에서 이야기를 읽어 낸다면 영화나 드라마에서는 이야기를 보고 듣는다. 문자 언어의 표현 방식과 영상 언어의 표현 방식이 새로운 이야기를 만든다. 즉, 문자 언어는 사건을 서술하고 대상을 묘사하는 데 중점을 두고, 영상 언어는 어떤 대상을 이미지를 통해 다시 보여 주는 데에 힘을 기울인다.

예를 들어, “그녀의 두 눈은 흰 밀가루 반죽에 박아 놓은 두 개의 작은 석탄 같았다.”라는 문장을 보자. 이와 같은 표현 방법은 문자 언어이기 때문에 가능한 것이다. 문자 언어로는 실제 그녀의 모습을 볼 수 없다. 그녀의 모습은 읽는 이의 머릿속에서만 그려진다. 여러분은 문장을 읽고 어떤 모습이 떠올랐을까? 어떤 사람은 새까맣고 큰 눈을 가진 여성을 상상했을 것이다. 그런데 영상 언어는 이 문장을 그대로 표현하기 어렵다. 물론 영상을 편집하면서 그녀의 두 눈을 클로즈업한 장면 다음에 흰 밀가루에 박힌 두 개의 작은 석탄을 찍은 장면을 배열할 수 있다. 영상에서는 그보다 새까맣고 흰 눈자위를 가진 여성의 눈을 클로즈업하는 직접적 제시 방법을 택한다.[10] 결국 문자 언어는 비유와 상징을 통해 이미지를 그려 내지만, 영상 언어는 감각적이며 직접적으로 제시하는 경우가 많다.

영화

영화나 드라마와 같은 영상 미디어를 통해 전달하는 이야기는 ‘미장센’과 ‘편집’ 같은 고유한 이야기 방식을 갖는다. 미장센은 영화의 영상 안에 들어갈 여러 요소들을 구성하는 작업을 말한다. 영화의 영상은 배우의 연기, 소품의 배치, 세트 같은 디자인, 카메라의 조작과 조명, 색등과 같은 카메라 촬영이 적절히 잘 구성될 때 완성도가 높아진다.

한편 편집은 촬영된 영상들을 이어 붙여 이야기를 만드는 작업이다. 영화에서 편집의 역할은 매우 크다. 편집에 따라 영화의 속도감, 재미, 완성도가 크게 달라지기 때문이다.

만화와 웹툰

소설 못지않게 미디어 변환이 활발히 이루어지는 원천 이야기가 만화와 웹툰이다. 특히 디지털 미디어가 활성화된 시대에 웹툰이 원천 이야기로 주목받고 있다. 웹툰은 눈으로 보는 이야기이기 때문에 영화, 드라마와 비슷해 보인다. 그러나 웹툰은 만화의 표현 방식에 바탕을 두고 있다. 최근에는 〈은밀하게 위대하게〉나 〈이끼〉처럼 유명 웹툰을 영화로 만들어 성공한 경우가 많다.

©주호민, 애니북스, 2017

웹툰에서 영화로 변주되는 과정 역시 미디어 특성을 살려 이루어진다. 웹툰은 컴퓨터 화면을 보는 동시에 세로로 마우스를 스크롤하며 볼 수 있게 연출하는 방식이다. 그리고 독자가 읽는 방식을 다양하게 선택할 수 있다. 이 두 가지는 웹툰이 미디어로서 지닌 대표적인 특성이다. 또 웹툰은 영화와는 달리 플롯, 사건, 등장인물의 수와 표현에서 좀 더 자유롭다.

예를 들어, 〈순정만화〉, 〈이끼〉, 〈은밀하게 위대하게〉와 같은 웹툰이 영화화될 때 등장인물의 수가 줄고, 플롯의 구조가 단순해지며 배경 설정이 달라진다. 제한된 시간에 이야기를 전달하고 되돌아가서 다시 감상하는 것이 힘든 영화의 미디어 특성이 반영되기 때문이다. 또한 웹툰은 세로 스크롤 방식을 사용해 한 화면에 보이는 인물의 감정을 독자에게 전달함으로써 강한 공감이나 긴장감, 박진감을 불러일으킨다. 이와 달리 영화는 플롯을 구성함으로써 인물의 감정과 전체 분위기를 제시한다.

게임

소설, 웹툰, 영화는 각각이 지닌 미디어 특성에 따라 표현 방식에서 차이가 나타난다. 하지만 컴퓨터 게임과 비교해 보면 셋은 확실한 공통점이 있다. 소설이나 웹툰, 영화는 생산자(작가, 감독)와 수용자(독자, 관객)가 뚜렷하게 구분되는 이야기이다. 독자는 이야기 속의 주인공이 겪는 사건을 보며 같은 감정을 느낄 수 있다. 그러나 이야기 속 주인공이 되어 사건의 결말을 스스로 정할 수는 없다. 이미 만들어진 이야기를 따라갈 뿐이다. 반면 게임은 게임을 하는 사람(플레이어) 스스로 자신의 이야기를 만들어 가는 방식을 취한다. 즉, 컴퓨터 게임을 할 때는 직접 주인공이 되어 움직이며 상황을 선택하고, 사건을 만들어 갈 수 있다. 『셜록 홈즈』 소설을 볼 때 독자는 셜록이 해결하는 사건을 따라 읽지만, 〈셜록 홈즈〉 게임에서는 게임을 하는 사람이 주인공이 되어 사건을 해결하는 과정을 선택한다. 따라서 끝내 사건을 해결하지 못하는 결말에 이를 수도 있다.[≡]

≡ 영화, 웹툰, 게임의 표현 방식에 관한 자세한 내용은 각각 3부 3장, 4장, 5장에서 다룰 것이다.

무엇을 더 중요하게 여길까

이야기가 다른 미디어로 바뀔 때에는, 변주 전 이야기에서는 도드라지지 않았거나 없었던 새로운 가치와 세계관이 표현된다. 어린 시절에 했던 〈메이플 스토리〉 게임 그리고 게임의 캐릭터와 세계를 본떠 만든 만화 『메이플 스토리』를 떠올려 보자. 〈메이플 스토리〉 게임에서 플레이어는 그룹 또는 팀을 만들어 협력하며 게임을 한다. 하지만 우정과 협력이라는 가치 자체는 게임에서 중요하지 않다. 그런데 만화가 된 『메이플스토리』에서 캐릭터 간의 관계, 즉 친구 사이의 우정, 협력, 갈등은 만화의 이야기를 이끌어 가는 중요한 힘이다. 이런 예들은 쉽게 찾을 수 있다.

영국 BBC 드라마 〈셜록〉에서도 소설에서는 비중이 크지 않았던 셜록과 왓슨의 우정과 갈등이 중요한 주제로 등장한다. 드라마 〈셜록 시즌 3〉 2화 '세 사람'에는 셜록의 특별한 모습이 나온다. 왓슨의 결혼식에 들러리로 참석하고 친구로서 결혼식 축사까지 한 것이다. 이 감동적인 축사 장면은 소설에는 없다. 물론 단편 『보헤미아 왕국 스캔들』에서 왓슨의 결혼식이 나온다. 그러나 무미건조하게 그려지며 왓슨의 결혼 이후 셜록과 왓슨의 관계는 서먹해진다. 드라마 〈셜록〉은 소설 속 셜록을 현대적으로 가장 잘 표현했다고 평가받지만, 이렇게 셜록과 왓슨의 관계는 소설과 사뭇 다르다.

소설에서 관찰자이며 서술자이자, 셜록의 무조건적인 조력자였던 왓슨은 드라마에서는 셜록을 변화시키는 친구이다. 고기능 소시오패스로 재해석된 셜록과 우정을 나누면서 그가 세상과 소통하도록 변화시킨다. 또한 드라마 〈셜록〉에는 소설에는 없는 현대인의 고민이 녹아 있다. 요즘 사람들은 인간관계를 어떻게 잘 맺고 유지하느냐가 큰 고민거리이다. 셜록은 뛰어난 머리와 천재성을 가지고 있지만 자기 세계에 갇혀 다른 사람에게 무관심해 보인다. 그러나 드라마가 진행될수록 셜록 역시 왓슨과 우정을 쌓고 갈등을 해결해 가는 인간관계가 중요해진다. 이처럼 우리가 살아가는 시대의 가치와 고민을 담는 것은 성공한 이야기를 변주할 때 꼭 필요하다.

『셜록 홈즈』는 비슷한 시기에 영화로도 만들어졌다. 영화 〈셜록 홈즈: 그림자 게임〉(가이 리치 감독, 2011)은 추리물을 액션물로 만들었고, 주인공 셜록을 악당과 싸우는 영웅으로 그려 낸다. 이는 같은 이야기일지라도 전혀 다른 가치와 세계관을 담으며 변주된다는 것을 보여 준다. 이야기의 변주가 단순한 모방이 아닌 이유가 여기에 있다. 또한 독자가 두 이야기의 변주 중 어느 것을 잘된 변주로 평가할지는 독자들 자신의 가치관에 달려 있다.

이야기의 변주가 주는 즐거움

이렇게 이야기의 변주가 다양한 미디어를 가로지르며 활발하게 일어나는 이유는 무엇일까? 여러분은 잘 느껴지지 않겠지만 미디어의 수나 다양성이 30년 사이에 급격히 늘어났다. 지금 40~50대인 부모님 세대만 해도 어린 시절에는 책과 같은 인쇄 미디어와 영화와 같은 영상 미디어가 전부였다. 게다가 텔레비전 채널도 고작 3~5개였다. 그런데 1990년대 이후 웹, 인터넷, 모바일과 같은 디지털 미디어가 생겼고, 텔레비전 채널만 해도 100여 개 이상에 이른다.

그러다 보니 다양해진 미디어를 채울 내용, 즉 콘텐츠contents가 더 많이 필요해졌다. 이야기는 미디어를 채우는 대표적인 콘텐츠이다. 하나의 원천 이야기를 여럿이 누리려면 끊임없이, 더 많이 보급하고,

더 널리 세력을 넓혀 가야 한다. 따라서 현재의 미디어 환경에서 주요하게 활용되는 전략은 여러 미디어와 장르를 가리지 않고 이야기의 세계를 확장해 만드는 것이다.

또한 이미 검증받은 이야기를 활용하는 것이 산업적으로도 더 낫다. 한 편에 몇십 억에서 몇백 억이 드는 영화나 드라마를 만드는 것은 부담이 크다. 이때 사람들이 호감을 가지거나 반응이 좋았던 소설, 만화, 웹툰, 웹소설 등의 이야기를 바탕으로 하면 실패할 확률이 줄어든다. 그래서 많은 비용이 드는 미디어의 경우 이미 인지도가 있거나 성공한 원천 이야기들을 변주하는 예가 많다.

산업적 필요만으로 이야기의 변주가 일어나지는 않는다. 인간은 완전히 낯선 것에도, 완전히 익숙한 것에도 즐거움을 느끼지 못한다. 완전히 낯선 것에는 두려움을, 완전히 익숙한 것에는 지겨움과 권태를 느끼기 때문이다. 낯익음과 낯설음, 익숙함과 새로움이 동시에 느껴질 때 즐거움, 쾌감, 재미를 느낀다. 익숙한 이야기지만 미디어의 차이가 주는 신선함, 새로운 가치관 덕분에 변주는 우리에게 즐거움과 더불어 깨달음을 선사한다.

사실 여러분 역시 이야기의 변주에 여러 방식으로 참여하고 있다. 팬픽션fan fiction≡을 쓰거나 패러디물을 만드는 것도 이야기를 향유하며 창작하는 활동이다. 영화나 드라마로 변환될 때 캐릭터에 어울리는 배우를 제안한다든지, 게임 동영상을 만드는 것 역시 이야기 변주에 참여하는 활동이다. 이처럼 다양한 방식으로 이야기의 변주에 주체적으로 참여할 수 있다.

≡ 대중적으로 인기 있는 만화, 영화, 소설 등을 대상으로 팬들이 자신의 뜻대로 다시 창작하는 작품이다. 줄여서 팬픽(fan fic)이라고도 한다.

더 생각해보기

1. 웹툰 <신과 함께>와 영화 <신과 함께>에는 어떤 공통점과 차이점이 있는지 찾아보자. 소설에서 영화로 미디어가 달라질 때, 변주가 잘된 점은 무엇이라고 생각하는지 말해 보자.

2. 여러분이 이야기 변주에 참여했던 경험이 있다면 말해 보자.

3

신선하게 비틀기, 은유와 패러디

권혜령

:: 미디어 자료에 드러난 다양한 표현 방식을 파악할 수 있을까?

:: 그러한 표현 방식을 쓴 의도를 알아보고 평가할 수 있을까?

금요일 저녁, 좋아하는 예능과 드라마를 마음껏 볼 수 있는 날이다. 무조건 본방 사수하는 예능은 갈수록 식상해지고 있다. 이미 인터넷에서 한바탕 휩쓴 유행을 패러디하는 경우가 많아졌기 때문이다. 이제 그만 봐야 할지 고민이다. 예능이 끝나면 드라마 볼 시간이다. "아오, 여기서 끊네!" 재미있게 드라마를 보고 있는데 중간 광고가 나온다. 한두 번도 아니고 한창 긴장감이 고조될 때 끊으니 슬슬 짜증까지 난다. 그래도 저 광고는 카피가 참 신선하단 말이야. 제품을 저기에 빗대어 표현하다니, 중간 광고는 정말 싫지만 가끔 광고 문구를 볼 때마다 대단하다는 생각이 들곤 한다.

은유와 상징 그리고 패러디

"넌 내 거야.", "난 널 사랑해."와 같은 직접적인 사랑 고백도 좋다. 그런데 "널 만난 건 이 세상이 나에게 준 선물이야."와 같이 돌려 말하는 은유가 훨씬 마음을 뒤흔들 때가 있다. 은유와 상징으로 표현된 말은 우리에게 새롭고 넓은 세계를 열어 주곤 한다. "나는 불꽃이다"(기업), "침대는 과학입니다"(가구) "서울은 언제나 아침입니다"(신문), "세상에서 가장 작은 카페 카누"(커피) 등 널리 알려진 광고 문구는 모두 은유적 표현이다. 은유는 표현하려는 대상(원관념)을 다른 매개물(보조관념)에 빗대어서 표현함으로써 신선함과 생생함을 느끼게 하는 표현이다. 여러분이 문학 공부를 하면서 배운 은유와 상징≡, 패러디는 인간이 사고를 다채롭게 표현하는 방식들이다. 우리가 접하는 여러 미디어에서도 폭넓게 찾아볼 수 있다.

≡ "그녀는 버들가지였다."라는 은유는 'A/B=그녀/버들가지'라고 할 수 있다. '그녀'는 원관념, '버들가지'는 보조관념인데, 중요한 것은 '버들가지' 자체보다는 '그녀'가 지닌 버들가지와 같은 유연함이다.

≡ 상징은 원관념이 숨고 보조관념만 남은 형태이다. '(A)/B=(평화)/비둘기'라고 할 수 있다. 사회적으로 오래 사용되면서 원관념이 숨은 관습적 상징(십자가→예수 혹은 기독교)과 한 작품에서 작가가 반복 사용해 만들어지는 창조적 상징(서정주의 「국화 옆에서」 중, 국화→원숙한 경지에 다다른 누이)이 있다.

광고에 나타난 은유의 세계

은유가 널리 사용되고 가장 비중이 높은 미디어는 광고이다. 실제 광고를 살펴보면 광고에서 은유가 어떤 역할을 하는지 분명하게 알 수 있다. 2013년 애플이 내놓은 아이패드 에어의 텔레비전 광고 '연필' 편을 보자. 이 광고는 잔잔한 배경 음악과 함께 넓은 거실의 탁자 가

운데에 놓인 연필을 보여 준다. 배경은 도서관의 탁자, 피아노, 회의실 등 다양한 장소로 바뀌지만 지우개가 달린 노란 연필 한 자루는 계속 함께 보여 준다.

광고 영상과 함께 성우의 내레이션을 들어 보자. "이것은 지극히 단순한 도구입니다. 그러나 지극히 강력하기도 합니다. 한 편의 시를 쓰기 시작하거나 또는 교향곡을 완성할 수도 있죠. 우리가 일하고 배우고 만들고 나누는 방식을 변화시켰습니다. 무언가를 그릴 때나 풀어 낼 때나 또 새로운 구상을 할 때도 쓰고 과학자와 예술가도 학자와 학생도 씁니다. 교실에도 회의실에도 탐험에도 심지어 우주에도 갔었죠."

어떤 곳에서든 연필이 등장하는 영상과 성우의 내레이션을 통해 책상 위에 굴러다니는 연필이 얼마나 강력한 도구인지 재발견하고 있을 때, 1분에 이르는 광고 중 끝나기 5초 전에서야 연필이 무엇을 은유하는지 반전이 드러난다. 마지막 장면은 처음 영상이 시작됐던 거실의 탁자가 화면 가득 확대되고 이후 누군가가 연필 뒤에 숨겨져 있던 아이패드 에어를 꺼내 든다. 지극히 단순하지만 강력한 도구인 연필은 바로 아이패드 에어였던 것이다. 우리에게 친밀한 연필을 새로운 제품과 대응시키면서 연필의 의미를 되새겨 보고, 그 의미를 고스란히 광고 제품으로 옮겨 가게 만든다. '연필은 가볍다. 연필은 누구나 사용하고 있다. 연필은 창조의 도구이다.'라는 생각이 그대로 '아이패드는 가볍다. 아이패드는 누구나 사용할 수 있다. 아이패드는 창조의 도구이다.'라는 은유를 만들어 낸다. 이런 은유가 직설적으로 이 제품이 강력한 도구라고 말하는 것보다 훨씬 강한 이미지를 남긴다. 광고를 통해 애플은 두 가지 모두 성공적으로 소비자들에게 알렸다. '아이패드는 우리 생활 모든 면에 쓰일 수 있는 유용한 제품이다.'라는 메시지와 연필보다 얇고 가볍다는 아이패드 에어의 특징을 소비자에게 전달한 것이다.

현대는 이미지 시대라고 할 만큼 이미지가 강력한 힘을 발휘하고 있다. 광고에서는 언어를 사용하지 않고 이미지로만 만들어 낸 은유도 다양하게 드러난다. 다음 두 편의 광고는 1984년에 설립된 민간 자연보호 단체인 세계자연기금WWF의 광고들이다. 먼저 왼쪽 광고는 지구온난화의 문제를 한눈에 알아볼 수 있도록 하고 있다. 아이스크림

이 녹아내리듯 지구의 빙하가 녹아내리고 있다는 것을 비유적으로 잘 표현하고 있다. 광고 문구는 없지만 이런 시각적 은유를 통해 메시지를 쉽고도 분명하게 전달하고 있다. 오른쪽 광고에서는 녹고 있는 빙하를 막대 아이스크림으로 나타냈다. 잘 녹는 아이스크림의 성질에 빗대어 환경오염 때문에 빙하가 녹고 있는 현실을 표현했다. 여러분이 아이스크림을 먹을 때 너무 빨리 녹아내려 재빠르게 핥아 먹는 장면을 상상하면 바로 이해되지 않을까. 한 줄의 광고 문구가 마음에 오래 남기도 하지만 광고에서 더 큰 힘을 발휘하는 것은 이미지이다. 과거에는 긴 문장으로 채워진 광고가 많았지만 최근에는 시각적 요소를 중시하는 방향으로 움직이고 있다.

다음은 유명 블록 기업 레고 사의 광고이다. 광고에 나타난 시각적인 이미지는 간단하다. 왼쪽 흰 블록은 배를, 오른쪽 노란 블록은 공룡을 나타낸다는 것을 그림자를 통해 은유적으로 보여 준다. 제품명 외에는 다른 글이 없다. 오로지 시각적인 은유를 바탕으로 불필요한

요소를 다 없애 버렸다. 가장 단순한 이미지이지만 레고가 있으면 아이들이 상상하는 무엇이든 만들어 낼 수 있다는 무한한 가능성을 보여 준다.

광고를 만든 제작자는 광고에 쓰인 은유의 의미를 수용자들이 같은 의미로 해석하기 바란다. 광고를 만든 사람은 광고를 본 사람들이 일단 은유가 허용하는 여러 가지 의미를 즐기게 한다. 그다음에 상품에 대한 하나의 공통된 의미로 생각하도록 이끌려고 한다. 광고를 본 사람의 마음에 그 의미를 분명하게 새기는 것이다. 이런 광고를 끊임없이 보면 은유가 사람들의 마음에 굳건하게 새겨진다. 결국 레고 블록이 어른과 아이들의 상상력을 펼치게 하는 도구라는 자연스러운 생각을 하게 된다. 일종의 신화처럼 되어 간다.≡

상대방이 은유로 말하면 듣는 이가 스스로 해석해야 한다. 그런데 해석은 사람마다 다를 수 있기 때문에 다양한 의견을 낳는다. 너무 돌려 말하거나 전하려는 뜻을 꽁꽁 숨기기만 하면 외면당할 수도 있다.

≡ 여기에서 말하는 '신화'는 우리 시대의 지배적 이데올로기라는 뜻으로 기호학에서 쓰이는 개념이다. 예를 들면 물질만능주의, 남성우월주의, 외모지상주의, 경쟁주의처럼 우리가 자연스럽게 받아들이고 있어서 당연한 것처럼 생각되는 가치들을 말한다.

패러디, 정곡을 콕 찌르는 짜릿함

스마트폰이 등장하자 사진으로 모든 것을 기록하는 시대가 되었다. 그러자 사람들은 인기 있는 영화나 드라마를 바로바로 패러디해서 웃음을 주었다. 우리의 고정관념을 비트는 패러디도 쏟아졌다. 한 예로 학교에서는 반장선거에서 패러디한 홍보물을 통해 강한 인상을 남기려고 하고, 교무실 문에 붙은 재치 있는 '시험 기간 내 출입 금지'

≡ 패러디는 원래 유명 작가의 시의 문체나 운율을 모방하여 풍자적 또는 조롱 삼아 꾸민 익살스런 시문(詩文)이다. 요즘에는 광고 등에서 창작의 도구로써 원래 작품과는 전혀 다른 의미를 전달하기 위한 표현 기법으로 많이 쓰인다.

패러디 문구가 웃음을 자아내기도 한다.

패러디란 한마디로 기존의 것을 베끼면서 웃기게 비꼬는 것이다.≡ 이 때문에 패러디 기법을 사용한 사진이나 영화, 광고를 보고 있으면 절로 웃음이 나온다. 그러나 패러디 작품들이 진짜 재미있는 이유는 기존의 내용과 형식을 완전히 뒤집으며 대상의 감춰진 면을 풍자하고 조롱하기 때문이다. 탈춤에서 말뚝이가 양반의 허위를 폭로하면서 통쾌한 웃음을 주듯이, 직접 따지기 어려운 상대나 권력과 억압에 시비를 걸면서 거침없이 조롱한다. 또 현재를 이끄는 세대와 주류 문화를 비판하기도 하고 금지된 것에 대해 공격적이기도 하다. 그런데 패러디는 같은 문화를 나누는 사람들 사이에서만 이해가 가능하다. 특정 사건이나 드라마, 영화를 모르는 사람에게는 아무런 의미도 웃음도 줄 수 없다.

패러디는 일상에서뿐만 아니라 사회 문제를 풍자하려는 목적에서 만들어지고 있다. 2016년, 교육부 정책기획관이 "대중은 개돼지"라고 발언한 것이 알려지자 비판하는 여론이 들끓었다. 이 말은 영화 〈내부자들〉(우민호 감독, 2015)에 등장하는 대사지만 교육부의 고위 간부가 말했다는 것이 크게 문제가 되었다. 신문 만평, 인터넷, SNS에 이 발언을 풍자하는 내용들이 쏟아졌다. 그리고 래퍼 디템포는 〈앞발들어〉라는 노래로 만들어 페이스북에 발표했다.

2017년 tvN 프로그램 〈SNL〉에서는 대통령 선거를 앞두고 후보자들의 말과 행동을 패러디했다. 인기 오디션 프로그램 〈프로듀스 101〉을 본떠 후보 중 최종 한 명의 아이돌을 뽑는 형식을 취했다. 연기자들이 후보자와 비슷하게 분장하고, 문재수와 안찰스, 레드준표, 심블리, 유목민처럼 이름을 비슷하면서도 웃기게 바꿨다. 그들이 소속된 당은 아이돌 소속사의 이름을 연상하게 만들었다. 여러 방송 프로그램의 틀을 빌려 후보자들의 말과 행동을 패러디했던 것이다. 이를 통해 웃음을 주는 동시에 각 후보자의 말과 행동을 비판하는 모습을 보였다.

패러디는 인터넷 문화 속에서 더욱 빛을 발한다. 네티즌들이 직접 의사를 표현하는 수단으로 문자보다 시각적 이미지를 선호하고 있다는 것을 알 수 있다. 기존 영화의 포스터나 사진을 이용하여 말하고자 하는 내용을 보다 많은 사람들에게 쉽고 빠르게 전달하므로 '저예산 고효율' 효과를 낼 수 있기 때문이다. 따라서 패러디는 사회적으로 화제가 된 큰 사건이 발생할 때마다 대량으로 만들어진다.

패러디는 패러디답게

최근 들어 패러디는 문화 전반에서 일어나고 있다. 이는 사회적 이슈를 조롱하고 비판하는 원래 목적보다 익숙한 것을 비틀어 대중에게 강한 인상을 남기려는 목적이 크다.

영화를 패러디한 광고는 표절 광고와는 구분해야 한다. 표절 광고가 원본을 그대로 베껴서 사용하는 것이라면, 패러디 광고는 원본을 베끼지만 색다른 관점에서 접근한다. 이러한 광고는 패러디의 본래 목적보다 원본을 빌려서 광고 효과를 높이기 위한 목적이 더 크다는 걸 알 수 있다.

대부분의 영화 패러디 광고는 흥행에 크게 성공했던 한국 영화들을 이용한다. 시청자는 광고를 보면서 자연스레 원래 영화를 떠올리

베스트셀러 도서 『아프니까 청춘이다』를 비롯해 다양한 패러디 문구로 사람들에게 웃음을 준 기업 '배달의민족'

게 되기 때문이다. 그래서 이런 광고는 대부분 영화 속 장면과 비슷하게 재현하여 구성한다. 때로는 실제 영화의 한 장면을 그대로 사용하기도 한다. 여기에 상품 내용과 자막을 덧붙여서 마치 영화 속 인물들이 광고에 실제로 출연한 듯한 효과를 자아낸다. 광고가 다른 광고를 패러디하는 경우도 있다. 기존의 광고를 따라하되 유머를 넣어서 사람들의 관심을 끈다. 한 광고는 일명 '쓱' 광고로 알려진 기존의 쇼핑몰 광고를 개그맨이 등장하는 화장품 광고로 재탄생시켰다.

패러디 작품은 원작이 진지하고 무거운 주제일수록 조금만 비틀어도 사람들의 긴장을 한순간에 파괴하는 동시에 웃음을 유발시킨다. 때문에 네티즌들은 다양하고 자유로운 의사 표현이 가능한 인터넷에서 수많은 패러디를 만들고 즐기는 것이다. 그러나 지금처럼 여기저기 패러디가 넘쳐 나는 상황에서 과연 패러디가 제 역할을 다 하고 있는지에 대해서는 생각해 봐야 한다. 패러디의 예리한 풍자와 비판 정신이 건강한 웃음으로 재탄생하고 있는지 말이다.

더 생각해보기

1. 여러분이 광고 제작자이며, '악성 댓글 예방'을 위해 공익 광고를 제작한다고 상상해 보자. '악성 댓글'을 은유하거나 상징하는 것에는 무엇이 있을까 말해 보자.

2. 패러디가 우리에게 웃음과 통쾌함을 주는 이유는 무엇일까 생각해 보자.

슬기로운 미디어생활

3

다 알지만 잘 모르는 미디어생활

; 미디어 장르

1

편집에 속지 마라, 뉴스

장은주

:: 뉴스는 우리의 삶을 어떻게 보여 줄까?

NEWS

집으로 돌아오는 버스를 탈 때마다 휴대전화를 만지작거린다. 딱히 검색할 것은 없다. 그저 메인 화면에 올라오는 뉴스 제목들을 훑어보는데, 엇? "8,000만이 못 본 방탄소년단의 모습… 충격!" 무슨 내용인지 살펴보니, 평범한 컴백 무대 이야기다. 제목 때문에 클릭했는데 내용은 별게 없군. 또 속은 느낌이다. 집에 오니 부모님은 텔레비전을 보고 계신다. 원자력 발전소에 대한 문제점을 짚는 뉴스가 나오고 있었다. 마침 미래 에너지를 주제로 탐구 보고서를 써야 하는데 잘됐다. 그런데 아까 본 인터넷 기사와 뭔가 다르다. 왜 뉴스마다 하는 말이 다르지?

무엇이 뉴스가 될까

2016년 말 전국 각지에서 대규모 시민이 참여하는 촛불집회가 열렸다. 결국 대통령을 탄핵시킨 이 사건은 우리나라뿐만 아니라 전 세계적으로도 큰 화제였다. 촛불집회는 한 승마 선수의 대학교 학점 특혜 의혹과 그와 관계된 문화계와 대기업의 비리를 보도했던 뉴스에서 시작됐다. 이 뉴스는 우리 사회에서 특권층에 대한 엄청난 비판 여론을 끌어냈고, 마침내 정치적 변화를 일으키는 원동력이 되었다.

우리 주변에서 일어나는 일들이 전부 뉴스가 되는 것은 아니다. 그렇다면 어떤 사건은 뉴스가 되고, 어떤 사건은 뉴스가 되지 않는 걸까? 한 번만 보도되는 사건이 있는가 하면, 긴 기간에 걸쳐 보도되는 사건도 있다. 또 어떤 사건은 간략한 개요만 보도되지만, 어떤 사건은 연계된 인물이나 관련 사건들까지 구체적으로 보도되기도 한다. 이렇게 뉴스로 보도되는 사건은 특징이 있다. 우리 주변에서 일어난 사건 중에서 흥미로운 일인지(흥미성), 중요한 정보를 다루고 있는지(영향성), 최근에 가까운 곳에서 일어났는지(근접성), 유명한 인물이나

기관이 등장하는지(저명성), 그리고 언제 그 사건이 일어났는지(시의성) 등에 따라 뉴스가 되기도 하고 그렇지 않기도 한다. 이렇게 우리 주변에서 일어나는 여러 가지 사건 중 뉴스가 될 수 있는지 판단하는 기준을 '뉴스 가치news value'라고 한다.

한 사건이 갖는 뉴스 가치는 고정되어 있지 않다. 사회의 흐름에 따라 뉴스 가치가 달라지기도 한다. 일반적으로 앞에서 말한 시의성, 저명성, 영향성, 근접성, 흥미성 등을 뉴스 가치로 꼽지만 학자마다 뉴스 가치 항목을 조금씩 다르게 설명하기도 한다.

뉴스가 우리에게 오기까지

뉴스를 만드는 곳은 언론사이다. 언론사는 여러 사건이나 현상에 관한 소식과 정보를 취재하여 기사로 작성하고, 때로는 의견을 덧붙여

서 사람들에게 전한다. 신문사나 잡지사, 그리고 지상파 방송(KBS, MBC, SBS), 종합편성채널(JTBC, MBN, TV조선, 채널A), YTN과 같은 방송국뿐만 아니라 연합뉴스, 뉴시스처럼 다른 언론사에 뉴스 정보를 제공하는 통신사도 모두 언론사이다.

뉴스 가치가 있다고 판단한 사건이어도 모든 언론사에서 같은 비중으로 보도되지 않는다. 뉴스는 어떤 과정을 거쳐 보도되는 걸까? 뉴스는 여러 관문을 거쳐서 우리 앞에 오게 된다. 기자가 어떤 사건을 취재하면 신문사에서는 '편집 회의'를, 방송국에서는 '보도국 회의'를 한다. 이 회의를 통해 어떤 사건을 보도할지 결정하며 뉴스 내용을 수정할 때도 있다. 또 사건을 얼마나 중요하게 보도할지도 달라지는데, 중요도에 따라 분량과 순서가 정해진다. 이렇게 뉴스를 선택하고 수정하며, 뉴스의 성격과 비중을 결정하는 과정을 '게이트 키핑 gate keeping'이라고 한다.

그런데 언론사의 관문을 통과하지 못한 뉴스 중에 우리에게 정말 필요한 뉴스가 있을 수도 있다. 심지어 우리가 보는 뉴스에서 설정한 논의 주제와 내용이 조작될 수도 있다. 다음은 어느 인터넷 게시판에 올라온 글의 일부이다.[11]

- 공자, "아침에 도를 들으면 저녁에 죽어도 좋다"
  → ㅇㅇ일보, "무책임한 공자, 자살 부추기는 발언으로 일파만파"
- 에디슨, "천재는 99%의 노력과 1%의 영감으로 이루어진다"
  → △△일보, "초등학교도 못 나온 열등감에 사로잡힌 에디슨"

인용한 글은 사건을 왜곡하거나 과장하여 보도하는 일부 언론의 보도 방식을 풍자한 것이다. 비록 풍자한 글이지만 언론이 왜곡되는 과정을 한눈에 알 수 있다. 언론은 당연히 정확한 사실을 공정하게 보도해야 한다. 그러려면 게이트 키핑이 진실성과 공정성을 바탕으로 이루어져야 한다.

언론사에서는 여러 관문을 거쳐 사람들에게 필요한 뉴스를 제공한다. 뉴스를 본 사람들은 뉴스에 담긴 문제를 중요하게 생각하게 되고, 많은 사람이 보기 때문에 뉴스를 통해 여론이 만들어지기도 한다. 이렇게 뉴스는 우리 사회에서 함께 생각하고 논의해야 할 문제가 무엇인지, 그 문제를 어떤 시각으로 바라보아야 하는지를 정한다. 이러한 뉴스의 기능을 '의제 설정agenda setting'이라고 한다. 뉴스가 특정한 문제를 의제로 만들기 때문에 정치적인 힘을 지닐 수 있다.

인터넷으로 진출한 뉴스

요즘 사람들은 어떤 방식으로 뉴스를 소비할까? 우리나라는 다른 나라에 비해 전통적인 방식보다 디지털 미디어를 이용하여 뉴스를 보는 사람들이 더 많다. 즉, 인터넷과 스마트폰 사용이 확대되면서 종이 신문과 텔레비전 뉴스보다 인터넷 포털 사이트나 SNS로 뉴스를 보는 사람들이 많아진 것이다.≡

해외 포털 사이트에 비해 국내 포털 사이트는 첫 화면에 다양한 뉴스와 정보가 가득하다. 이 뉴스들은 언론사가 포털 사이트

≡ 2016년 10대 청소년 미디어 이용 조사에 따르면, 뉴스 이용 방법으로 모바일 인터넷이 58.1%로 가장 높았고, 텔레비전, PC 인터넷, SNS, 메시징 서비스 등의 순이었다. 하루 평균 뉴스 이용 시간은 모바일 인터넷이 13.7분으로 가장 길었다. 그런데 청소년들이 하루 평균 모바일을 이용하는 시간이 139분이라는 점을 고려하면 전체 모바일 이용 시간 중 뉴스를 이용하는 시간은 10%에 못 미친다.

를 운영하는 회사에게 제공한 것으로, '포털 뉴스'라고 한다. 포털 뉴스는 이용자가 원하는 시간에, 원하는 장소에서 볼 수 있다는 장점이 있다. 포털 사이트에서는 실시간으로 검색어 순위를 제공하고, 이용자의 성별과 연령에 따라 자주 검색된 뉴스를 분석하여 보여 주기도 한다. 그리고 포털 뉴스를 본 이용자는 뉴스에 댓글을 달면서 자신의 의견을 드러낼 수도 있다. 이렇게 포털 사이트는 다양한 뉴스를 제공하면서 이용자의 선택권을 높이도록 해 준다. 포털 사이트는 이용자의 참여와 선택을 활성화하는 방식을 마련하기도 했다. 이를 테면, 네이버의 '뉴스스탠드'는 여러 언론사별로 화면에 배치해 놓아 이용자가 직접 언론사를 선택해서 볼 수 있다. 다음카카오는 '뉴스펀딩'을 운영했다. 이용자가 어떤 주제에 대한 기사를 요청하고 후원하면

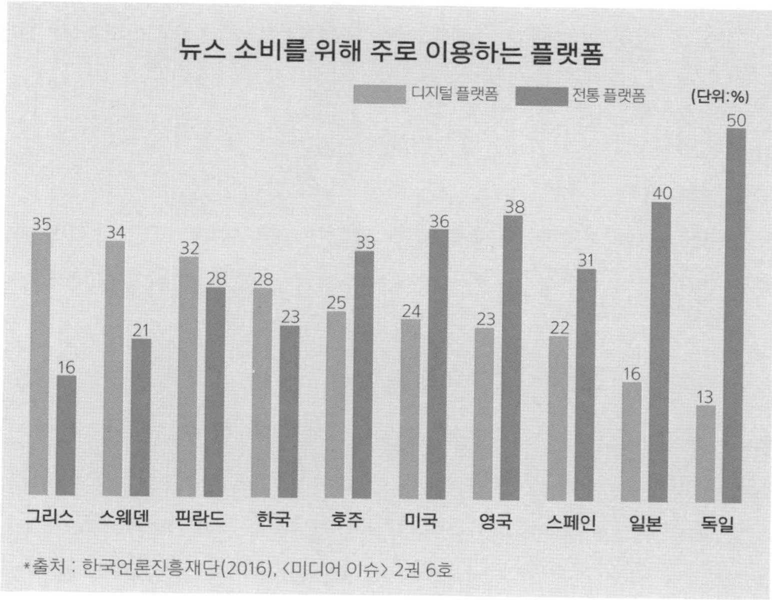

기자나 언론사가 그 주제에 맞는 뉴스를 생산하는 체계였다. 한동안 포털 뉴스도 언론이라고 할 수 있는지 논란이 있었다. 2009년 '언론중재 및 피해구제 등에 관한 법률'에 '인터넷 뉴스 서비스 사업자' 조항이 만들어지면서 포털 사이트도 언론사와 비슷한 책임 의무를 지게 되었다.

포털 뉴스를 포함한 인터넷 기반 뉴스의 문제점도 있다. 대표적인 문제가 '낚시성 제목'이다. 2017년 1~3월 동안 한국신문윤리위원회가 언론사에 제재를 가한 240건 중 23.8%가 낚시성 제목이었다. 4건 중 1건인 셈이다.

"[속보]투병 중 이○○ 1년 만에… '이럴 수가'"

"로드걸 본 격투기 선수 중요 부위 가리고 '철벽'"

이와 같이 자극적인 단어를 사용하거나 말장난을 하는 뉴스 제목들이 있다. 막상 클릭하면 제목과는 전혀 다른 기사가 나온다. 첫 번째 뉴스는 재벌 회장인 이 모 씨가 보유한 주식의 가치가 1년 만에 급증했다는 내용이다. 두 번째 뉴스는 한 격투기 선수가 경기 후 기념촬영을 위해 자신에게 온 로드걸을 보고 당황하여 두 손을 앞으로 모으고 공손한 자세로 사진 촬영을 했다는 내용이다. 이런 낚시성 제목은 흔하게 볼 수 있다. 기사 클릭 횟수가 수익으로 연결되기 때문이다.

이런 문제에도 불구하고 인터넷 뉴스는 이용자가 뉴스 선택과 유통, 나아가 뉴스 생산에까지도 능동적으로 참여할 수 있다는 점에서 긍정적이라고 본다. 인터넷 신문 〈오마이뉴스〉는 기자뿐만 아니라 일반 시민도 기사를 쓴다. 시민이 쓴 기사는 언론의 시선이 닿지 않은 문제를 현장감 있게 전달하고, 언론사와는 다른 관점에서 사건을 보도하기도 한다. 한 예로, 2010년 추석 첫날에는 '트위터'가 언론의 역할을 한 일이 있었다. 당시 서울 광화문 사거리가 폭우로 침수되었는데, 연휴 기간이라 언론사에서 취재를 나가기도 어려운 상황이었다. 그런데 현장을 본 시민들이 트위터를 통해 실시간으로 중계하면서 소식이 빠르게 널리 퍼졌던 것이다.

뉴스 소비를 위한 미디어로서 SNS는 이미 신문과 라디오를 넘어섰다. SNS를 기반으로 하는 언론사도 탄생했다.[12] 소셜 미디어≡의 발달이 뉴스의 형태까지 바꾸어 놓았다. 단 SNS에서는 올릴 수 있는 글의 분량이 한정되어 있어 내용을 깊이 이해하는 데에는 한계가 있다. 그래서 일부 언론사에서는 맥락을 보여 주는 뉴스가 필요하다고 판단하고 새로운 형식으로 뉴스를 구성하기도 했다.[13] 뉴스의 이면을 파헤치거나 주요 이슈를 종합하여 시사점을 앵커가 브리핑하는 형식으로 전달하는 것이 그 예이다.

≡ 사람들이 의견과 생각을 교환하고, 경험을 공유하기 위해 사용하는 온라인 도구나 플랫폼을 말한다. 소셜네트워크서비스(SNS)와 혼동하여 사용하지만 소셜 미디어가 좀 더 포괄적인 의미를 갖는다.

뉴스 뒤에 숨은 의미를 파악하려면

우리나라 국민의 뉴스에 대한 신뢰도는 어느 정도일까? 각국의 뉴스 신뢰도를 조사한 결과, 우리나라의 언론자유도 순위는 199개국 중 66위이며, 뉴스를 보는 사람들 중 뉴스를 거의 항상 신뢰할 수 있다고 답한 비율은 26개국 중 22위에 그쳤다. 대중의 신뢰를 얻기 위해 언론사 스스로도 노력할 것이다. 동시에 언론을 소비하는 우리 또한 뉴스를 바르게 보기 위해 노력해야 한다.

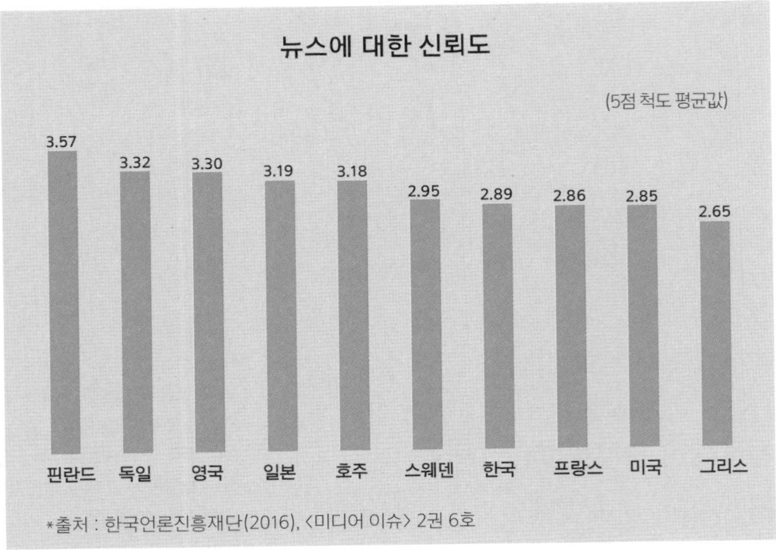

우리가 뉴스를 볼 때 반드시 생각해야 할 것은 뉴스가 언론사의 시각을 대변하고 있다는 점이다. 뉴스 가치는 언론사마다 다르게 판단하는데, 우리가 보는 뉴스는 언론사의 판단에 따라 선택되고 가공되기 때문이다. 사건에 따라 어느 언론사는 사회에 중요한 영향을 미치는 문제를 외면하거나 축소 보도하기도 하고, 어느 언론사는 개인의 사생활에 대해 소문이나 험담 같은 흥미만 좇는 뉴스에 초점을 맞추기도 한다. 또 어느 언론사는 사건의 본질을 다양한 측면에서 지속적으로 보도하면서 의제 설정 기능을 충실히 실천하고 있다.

다음은 같은 날(2017년 9월 25일) 몇몇 언론사에서 보도한 '원자력 발전소' 관련 뉴스 제목이다. 같은 사건을 다루고 있지만, 언론사에 따라 관점이 조금씩 다르다는 걸 알 수 있다. 언론사는 자신의 관점에 따라 '원자력 발전소' 폐쇄에 동의하기도 하고 반대하기도 한다.

"脫원전은 '核 자위권' 싹 자르는 일… 전략적 옵션 포기 안돼" - 문화일보

"원전 말고 안전!", "원전 옆 40년, 보상해야" - 오마이뉴스

'원전 올림픽' 내달 경주서 여는데… 한수원, 정부 눈치보며 쉬쉬 - 조선일보

['탈원전의 길 찾기'] 태양광 패널 달고, LED 조명으로 바꾸고…
원자력·석탄발전소도 우리가 줄일 수 있어요 - 경향신문

뉴스 선정 과정에서는 대기업이나 권력 기관, 시민단체의 요구가 영향을 미칠 수도 있다. 우리가 언론사에서 보도하는 뉴스를 그대로 받아들이기 전에 꼼꼼히 따져 보아야 하는 이유이다. 그 뉴스가 왜 선정되었는지, 왜 중요하게 혹은 덜 중요하게 보도되는지를 생각해야 한다. 뉴스 뒤에 숨어 있는 생각들을 살펴본다면 우리에게 정말 필요한 뉴스와 쓸모없는 뉴스를 가릴 수 있다. 그리고 뉴스를 통해 세상을 좀 더 바로 볼 수 있다.

'가짜 뉴스'의 시대, 뉴스를 어떻게 봐야 할까

"선화 공주님은 남몰래 사귀어 두고 서동방을 밤에 몰래 안고 간다네."

이 노래는 『삼국유사』에 기록된 「서동요」인데 배경 설화가 함께 전해온다. 백제에서 마를 캐는 청년 서동이 신라의 선화 공주가 아름답다는 말을 듣고, 경주(신라의 서울)로 갔다. 그리고는 동네 아이들에게 마를 나누어 주며 이 노래를 부르도록 했다. 궁궐까지 퍼진 이 노

래 때문에 선화 공주는 유배지로 쫓겨나게 되었는데, 마침 서동이 그곳에 나타났고 두 사람은 결혼하게 되었다. 지금으로 치면 서동은 허위 사실을 퍼뜨린 가해자이고, 선화 공주는 공주로서의 삶을 빼앗긴 피해자이다. 언론사라는 게 없던 때이지만, 백성들이 부르는 노래는 민심을 반영하고 여론을 형성하기도 했다. 무왕 때에는 백제와 신라의 사이가 그리 좋지 않은 때였다. 이런 사실을 생각해 보면, 서동은 정치적인 노림수 때문에 일부러 노래를 퍼뜨렸을 것이다. 일종의 '가짜 뉴스'인 셈이다.

2017년 대통령 선거를 거치면서도 가짜 뉴스가 널리 퍼졌다. 가짜 뉴스란 '정치와 경제적 이익을 위해 의도적으로 언론 보도의 형식을 하고 퍼뜨린 거짓 정보'를 말한다. 대통령 선거를 앞두고 SNS를 통해 대선 후보를 비방하는 뉴스가 퍼졌는데, 그 뉴스에서는 있지도 않은 사람의 말을 인용하고, 실제로 있지도 않았던 일을 다루었다. 우리나라만이 아니다. 미국에서도 대통령 선거 전에 새로운 언론사인 것처럼 만든 웹사이트에서 뉴스를 생산했고, 페이스북을 통해 빠르게 퍼져 나갔다. 이 뉴스들은 특정 후보(도널드 트럼프)에게는 유리하고 상대 후보(힐러리 클린턴)에게는 불리한 것들이었다. 대선 후 트럼프 대통령은 자신에 대한 비판을 '가짜 뉴스'로 몰아붙이기도 했다. 또 영국에서는 전직 교육부 장관이 유럽연합 탈퇴에 찬성하는 발언을 하면서, 영국이 유럽연합에 주당 3억 5,000만 파운드를 지불하고 있다고 근거 없는 주장을 했다가 비난받았다.

그런데 이렇게 가짜 뉴스가 만들어지는 이유는 무엇일까? 사람들은 '가짜'인 것을 알면서도 보는 것일까? '가짜' 뉴스가 있다면 '진짜' 뉴스가 따로 있는 것일까? 스마트폰이 보급되면서 바로바로 정보를 검색하고 공유할 수 있게 되었고, 사용자의 관심이나 생각과 맞아떨어지는 정보만을 선택해 제공하는 검색 환경이 갖추어졌다. 그리고 누구나 정보와 뉴스를 생산할 수 있게 되었다. 기사형 광고나 패러디 뉴스와 같은 겉만 뉴스의 형태를 띤 다양한 콘텐츠도 등장했다. 넓은 의미에서는 이들 모두 '가짜 뉴스'이다.

뉴스의 내용이 거짓이라면 그것은 이미 뉴스가 아니다. 그러나 사람들은 대체로 자신이 보고 싶은 것만 보고, 듣고 싶은 것만 듣고, 믿고 싶은 것만 믿으려 한다. 감정적으로 다가오는 정보를 적극적으로 받아들이고, 그 정보를 자신이 속한 집단의 사람들과 공유하는 경향이 있다. 또한 소셜 미디어에서는 자신과 취향이나 관심사가 비슷한 사람들끼리 연결되는 경우가 많다. 그러다 보니 소셜 미디어를 통해 친해진 사람들이 주는 정보들은 비판과 검열 없이 그대로 받아들이

게 된다.

사회적으로 문제가 된 가짜 뉴스는 상업적 혹은 정치적으로 다른 사람들을 속이려는 의도를 갖고 정보를 준다며 뉴스를 퍼뜨리는 것이다. 거짓말이 뉴스로 포장되면 우리가 중요한 의사 결정을 하는 데 영향을 미칠 수도 있다. 그래서 가짜 뉴스에도 흔들리지 않을 엄격한 잣대를 우리 모두 갖고 있어야 한다. 기본적으로 뉴스의 출처가 분명한지, 뉴스를 제공한 플랫폼(웹, SNS, 지면) 등은 적절한지를 살펴보고, 확인하기 어려운 정보는 일단 의심해 보아야 한다.

우리는 언제든지 정보가 조작될 수 있는 사회에 살고 있다. 그러므로 미디어가 내놓는 뉴스들을 모두 믿을 것이 아니라 그것이 사실인지, 어떤 맥락에서 생산된 뉴스인지 등을 반드시 짚어 보아야 한다.

더 생각해보기

1. 같은 사안을 다룬 뉴스들을 검색해 보자. 그중 관점이 다른 뉴스들을 골라서 내용을 비교해 보자.

2. 가짜 뉴스를 본 적이 있는가? 가짜 뉴스의 특징에 대해 말해 보고, 가짜 뉴스를 걸러 내기 위한 방법을 세 가지만 정해 보자.

뉴스 소비자를 위한 핸드북

가짜 뉴스 걸러내기

1. 모두 대문자이거나 눈에 띄게 포토샵 처리된 사진은 가짜 뉴스를 나타내는 강력한 신호이다.
2. 팝업과 배너 광고가 넘친다면 순전히 낚시성 기사(clickbait)라는 신호이다.
3. 도메인을 점검한다. 가짜 사이트는 브랜드에 대한 신뢰를 더하기 위해 종종 '.co'를 더한다.
4. 알려지지 않은 사이트에 접속했다면, 그 사이트의 소개(About) 페이지를 확인한다. 그리고 그것과 '가짜(fake)'라는 단어를 함께 검색해 보고 무엇이 뜨는지 확인한다.
5. 기사에 링크가 있다면 클릭해 본다(쓰레기는 더 심한 쓰레기로 이어진다). 링크, 인용, 또는 참조가 없는 것도 (가짜 뉴스임을) 숨길 수 없는 신호이다.
6. 동일한 사안을 보도한 신뢰받는 수단을 이용하여 믿기 어려운 기사를 확인한다.
7. 날짜를 점검한다. 소셜 미디어는 오래된 글을 소환하곤 한다.
8. 지난 헤드라인을 읽어 본다. 아래에 있는 제목과 거의 유사하지 않다.
9. 사진의 출처를 알 수 없고 날짜도 없을 경우 이미지의 출처를 알아보기 위해 'tineye. com'과 같은 이미지 검색 엔진을 사용한다.
10. 요점을 추려 낸다. 당신을 화나게 하는 기사라면 그런 방식으로 기획된 것이다.
11. 마지막으로 사실이 아닌 것 같다면 무조건, 절대로 공유하지 않는다.

— ONTHEMEDIA.ORG

2

시선을 빼앗는 설득의 장인, 광고

권혜령
홍완선

:: 문화의 생산자이자 소비자인 수용자로서 광고를 주체적으로 수용할 수 있는 방법은 무엇일까?

유튜브에서 음악이나 들을까? 어랏, 광고가 뜨네. 5초 후에 건너뛰기 할 수 있지만 몇 초라도 안 볼 수 없잖아. 그냥 실시간 검색어나 봐야지. 와! 내가 좋아하는 아이돌 공항 패션이 검색어 1위다. 연예인이 걸친 모자, 옷, 가방, 시계까지 기사가 되는 걸 보니 연예인은 걸어 다니는 광고판이나 마찬가지야. 이건 또 뭐지? 콜라 회사에서 3D 광고를 만들었군. SF 영화 <마이너리티 리포트>에서는 망막 인식을 통해 수집한 정보로 개인에게 맞는 광고를 실시간으로 제공하는 장면이 나오던데. 신기하지만 조만간 현실이 된다고 상상하니 좀 오싹해.

광고로부터 자유로운 삶이 가능할까

미국에서 최초 광고는 1704년 〈보스턴 뉴스레터〉라는 신문에서 낸 도둑을 잡으면 포상하겠다는 광고이다. 이후 인쇄 광고에서 라디오 광고, 텔레비전 광고 등으로 미디어가 발달하면서 광고 또한 진화했다. 요즘은 게임과 스마트폰 어플리케이션에도 광고가 들어간다. 페이스북과 트위터에도 광고가 뜬다. 더 나아가 네트워크로 광고 내용을 원격으로 통제할 수 있는 '디지털 사이니지digital signage'는 디지털 정보 디스플레이를 이용한 옥외 광고인데, 주로 지하철역, 버스 정류장, 은행 등 유동 인구가 많은 곳에서 볼 수 있다. 신문이나 텔레비전을 이용한 광고뿐만 아니라 인터넷 홈페이지와 스마트폰을 통해서도 이루 헤아릴 수 없는 광고를 접하며 사는 것이 우리 현대인이다. 1970년대에는 하루에 500개 정도의 광고에 노출되었다면 지금은 5,000개에 달한다고 한다.[14] 그야말로 우리는 광고를 공기 삼아 숨 쉬

며 살아간다.

광고廣告의 목적은 '세상에 널리 알린다'라는 원래 뜻에서 알 수 있듯이 특정한 상품이나 메시지를 널리 전하는 데 있다. 즉, 여러분이 설명글의 핵심이라고 배웠던 '정보 전달' 혹은 '설명과 이해'가 광고의 기본이다. 그런데 비슷한 제품과 이를 선전하는 광고들이 넘쳐 나자 제품의 특성이나 장단점만을 이야기하는 광고는 점점 푸대접을 받게 됐다. 따라서 광고는 사람들의 이목을 끌기 위해 더 재미있고, 더 흥미로워져야 했다. 소비자가 "저건 꼭 사야 돼!"라는 생각이 들도록 다른 기업의 제품과 다르게 보이는 게 중요했다. 스티브 잡스가 아이폰 신제품을 소개하는 장면을 패러디한 치킨 광고, 한 방송인이 원색 양복을 입고 오도방정을 떨며 춤추는 비타민 음료 광고를 떠올려 보자. 유명인을 등장시켜서 호기심과 웃음을 유발하는 것은 우리의 시선을 끌기 위한 하나의 전략이다. 그러므로 우리가 가장 관심을 갖고 봐야 할 부분이 바로 광고의 '설득적 기능'이다.

광고의 설득적 기능과 '욕망' 부추기기

광고는 크게 상품 광고, 기업 광고, 공익 광고로 나눌 수 있다. 상품 광고는 기본적으로 광고를 접하는 수용자가 광고를 본 후 해당 상품을 사도록 만든다. 기업 광고는 광고에 등장하는 기업의 이미지를 좋게 만들어 수용자가 후한 점수를 주도록 하고, 공익 광고가 의도한 바대로 사고하고 행동하기를 바란다. 논설문을 생각하면 쉽다. 읽는 이의 생각이나 행동에 변화가 있기를 바라며 쓴 논설문과 근본적으로 같은 뿌리를 가지고 있기 때문이다.

결국 광고의 수용자가 소비자가 될 수 있도록 설득하는 광고가 '좋은 광고'가 되는 셈인데, 문제가 있다. 오늘날과 같은 자본주의 사회 · 소비사회에서는 상품이 넘친다는 점이다. 제품의 품질이나 기능 면에서 큰 차이가 나지 않는 요즘에는 제품의 사용 가치보다 브랜드(상표)를 강조하기 위해 노력하고 있다. 상품에 행복, 고급, 자유와 같은 의미를 넣어 브랜드의 이미지를 심으려는 것이다.

= 역사학자 대니얼 부어스틴이 이미지와 환상을 좇는 현대인들을 보며 "광고의 기술은 진실도 거짓도 아닌 설득력 있는 문안을 만드는 것"이라고 했던 것도 같은 뜻이다.

예를 들어 보자. '스타벅스'는 독특한 브랜드 마케팅으로 유명하다. 그들은 단순히 커피만 파는 게 아니다. 자유롭게 인터넷을 쓰고, 편안한 음악이 흘러나오는 매장에 앉아 커피를 마시며 사람들과 이야기하는 만남의 장소다. 혼자 와도 편안히 휴식을 취하거나 책을 읽고, 컴퓨터로 일할 수 있는 곳이라는 이미지를 만들어 낸다. 개인의 커피 취향과 함께 문화적 취향을 파는 것이다. 결국 소비자는 커피와 함께 자유, 휴식, 편안함 등을 주는 브랜드를 사는 것이다.

이처럼 광고는 그다지 '필요' 없는 물건을 가지고 싶어 하는 '욕구' 혹은 '욕망'을 만들어 물건이나 브랜드 그 자체를 소비하도록 유도한다. '거기에 가면 새로운 뭔가가 있을 거야.' 혹은 '그건 내 취향에 딱 맞는 거야.'라는 생각이 들게 한다. 여러분이 휴대전화를 바꾸는 경우를 생각해 보자. 대부분 가지고 있던 휴대전화가 고장 나서 새것이 '필요'한 게 아니라, 연예인이 광고하는 폼 나는 최신형 스마트폰을 가지고 싶은 욕망 때문에 이동통신사 대리점으로 발길을 옮기는 것이 아닐까?

이유 있는 비판, 이유 있는 항변

대부분의 상품 광고는 소비할 수 없는 사람에게는 관심을 쏟지 않는다. 광고는 번쩍이는 물건에 둘러싸인 멋진 인물들이 행복해하는, 꿈과 같은 세상을 그려 보이는 데 집중한다. 광고 속 특정 상품이나 서비스를 사용한다면 우리들의 행복 지수나 삶의 질, 자신의 가치를 높이는 것이라고 설득하는 것이 광고이다.

정우성, 하정우, 차승원, 이정재, 김상중, 김혜수 등 내로라하는 배우들이 광고 속으로 들어왔다. 이들이 등장한 광고는 모두 게임 광고이다. 마치 영화의 예고편을 방불케 하는 게임 광고의 대상은 10대가 아니다. 1990년대 후반 1세대 온라인 게임을 하던 10대들이 이제 30~40대가 되었고, 이들에게 게임은 추억을 부르는 놀이이다. 모바일 게임에 빠져드는 성인이 늘고 있는 것이다. 이들은 광고 속 배우들을 보며 게임 속 주인공이 된 듯한 기분을 맛보게 된다. 시간만 나면 스마트폰을 들고 게임을 하다가 게임 중독에 빠지기도 한다.

그러나 이런 이유로 광고주나 광고인을 비난하기는 쉽지 않다. 광고 산업에 종사하는 사람들은 광고가 소비자에게는 바른 정보와 선택권을 제공하고, 기업가에게는 시장을 선물함으로써 자본주의 체제를 유지하는 바탕이 된다고 말한다. 시장을 만들고 유지하여 소비사회를 지탱하는 한 축이라는 것이다. 허위 광고나 과장 광고로 사람들에게 직접적인 해악을 끼치지 않는 이상 자본주의의 꽃 광고를 무조건 비판만 할 수 있을까?

게다가 광고는 때로 시대의 사회상을 가장 작은 부분까지 드러내는 거울 역할을 한다. 김태수가 쓴 역사책 『꽃 가치 피어 매혹케 하라—신문광고로 본 근대의 풍경』은 신문에 실린 광고를 자료 삼아 우리나라 근대의 풍경과 당시 사람들의 생활을 오롯이 되살렸다. 이것을 보더라도 광고가 가지는 사회적, 역사적 역할을 가볍게만 볼 수 없다. 그러다 보니 오늘날 대중문화 비평가들은 그 자체로 완결성을 지니는 뛰어난 광고를 통해 시대상을 분석하고 있다. 더 나아가 우리에게 광고 자체를 하나의 작품으로 즐기라고 권유하고 있다.

우리를 유혹하는 새로운 기술

인터넷과 스마트폰이라는 도구는 우리를 또 다른 세상으로 인도한다. 텔레비전 광고는 과거에 중요했던 인쇄 광고를 누르고 주된 광고 시장이 되었다. 그러나 곧 인터넷이 광고의 중심이 되더니, 2017년에는 국내 광고 시장에서 모바일 광고가 뜨게 되자 그 규모가 텔레비

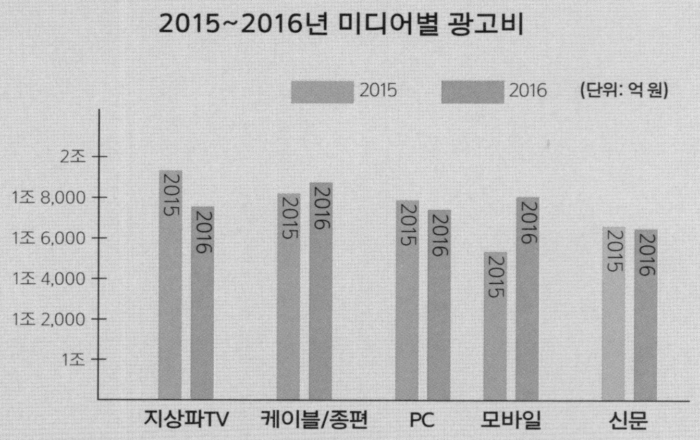

*출처: 제일기획(2016), '대한민국 총 광고비 결산 및 전망'

전 광고와 비슷해졌다. 컴퓨터나 스마트폰을 통해 인터넷에 쉽게 연결하게 되면서 온라인 광고의 중요성이 커지고 있다. 온라인 광고는 크게 검색 광고와 소셜 미디어 광고, 유튜브 같은 동영상 광고로 나뉜다. 특히 페이스북과 트위터의 광고 매출이 급격히 늘어나고 있다. 페이스북의 2015년 매출 중 광고 매출이 무려 95%를 넘어, 페이스북은 본격적인 모바일 광고 회사라고 봐도 틀리지 않을 정도다.

소셜 미디어 광고는 텔레비전보다 더 개인화되고 맞춤형으로 진화하면서 그 이전과 확연히 달라졌다. 전통적인 미디어 광고는 제품의 장점을 부각하거나 연예인을 등장시켜 사고 싶은 욕망을 불러일으켰다. 말하자면 일방적으로 메시지를 전달하는 '독백'이었다. 그러나 소셜 미디어에서 광고는 '대화'라고 할 수 있다. 사람들은 소셜 미디어에 자신의 일상을 글과 사진으로 올린다. 어떤 커피를 마셨는지, 점심은 어디서 뭘 먹었는지를 이야기한다. 그러다 보니 자연스럽게 브랜드가 언급되고 저절로 광고가 된다. 이미 스타벅스, 코카콜라와 같은 브랜드들은 페이스북에 4,000만 명이 넘는 구독자를 보유하고 있다. 마케팅 담당자들은 자신의 회사 페이지 구독자들이 '좋아요'를 누르거나 댓글을 달도록 유도한다. 이러한 상호작용은 소비자를 특정 브랜드와 더욱 가깝게 만들고, 페이스북 '공유하기' 기능을 통해 페이스북 친구들에게도 쉽게 전달된다. 돈을 쓰지 않고도 자연스럽게 광고가 되는 것이다.

유튜브는 동영상 광고로 막대한 이익을 얻고 있다. 우리는 유튜브에서 원하는 동영상을 보기 전에 자동 재생되는 5초짜리 광고를 보는 일에 익숙해져 있다. 원하는 콘텐츠를 보기 위해 5초만 참으면 되므로 크게 반발심이 생기지 않는다. 이 미리보기 광고 때문에 사이트 이용자가 줄어들지 않도록 대부분의 광고는 '건너뛰기skip' 기능을 넣어 두었다. 뿐만 아니라 우리가 필요해서 받은 어플리케이션을 통한 광고도 시장을 넓혀 가고 있다. 광고는 기술의 변화에 따라 빠르게 미디어를 바꾸면서 우리 곁에서 손짓하고 있다.

설득의 화법을 읽어라

광고를 제대로 읽어 내는 능력이 필요한 이유가 바로 앞서 말한 내용 때문이다. 누가, 무엇을 위해 광고를 만들었고, 누구에게 어떤 메시지를 전달하고 있는지, 무엇을 설득하고 있는지 알 수 있어야 한다. 이제 광고가 설득을 이루어 내는 전략 중 대표적인 몇 가지를 소개하려고 한다. 여러분이 광고의 홍수 속에서 이들의 전략을 잘 읽으면 광고에 휘둘리지 않을 수 있다.

첫째, 유명인과 자신을 동일시하고 싶은 소비자들의 마음을 충동질하는 방법이다. 유명 연예인이 한 드라마를 통해 인기를 얻으면 광고 시장을 독차지하다시피 한다. 스타가 보증하는 제품이라면 좋은 상품이니 여러분은 두말할 것 없이 같이 소비하고, 이들과 같은 삶을 누리라는 설득의 말재주가 숨어 있는 것이다. 많은 기업이 드라마나 영화에 나오는 간접 광고Product PLacement, PPL 에 투자하는 이유도 배우가 쓰는 상품의 인지도가 올라가고, 실제로 구매하는 효과가 엄청나기 때문이다. 어느 드라마에 나온 배우 ○○○의 목걸이, ○○○의 머리핀, ○○○의 휴대전화라는 이름을 달고 상품을 사게 만든다. 이로써 연예인과 같아진다는 환상을 불러낸다.

둘째, 상품의 '필요성'보다 '욕망'을 부추기는 전략도 주요한 광고 화법 중 하나이다. 소셜 미디어에는 내가 무엇을 먹었는지, 어디에서 무엇을 했는지 알리는 사진과 글이 넘친다. 좋은 정보가 있으면 나누고 싶어 하기 때문이다. 사람들은 '좋아요'나 'Like'의 숫자가 늘어날수록, 댓글과 팔로우가 늘어날수록 좋아한다. 즉, 상대방이 나를 알아봐 주고 인정해 주길 바라는 욕망의 표현이다. 페이스북 뉴스 피드에는 자연스럽게 광고가 나오고, 이 광고를 다른 사람과 얼마나 공유하는가에 따라 경품 또는 응모권이 주어진다. 이런 광고들은 상품이나 사이트를 알리려는 목적이지만 마치 정보를 제공하는 것 같은 느낌을 주면서

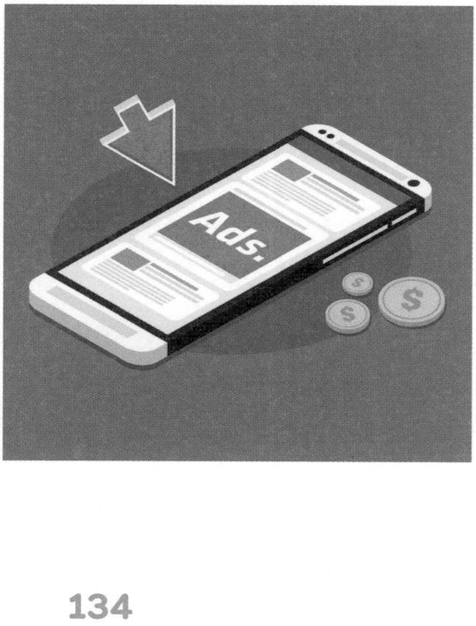

자연스럽게 우리의 일상을 파고든다. 결국 남들이 하면 나도 하고 싶고, 멋진 삶을 살고 있다고 보여 주기 위해 더 많이 소비하려는 심리를 이용하는 것이다.

셋째, 소비자의 불안감을 조장하는 것도 꽤 자주 쓰이는 방법이다. 여러분이 학교 앞에서 받은 학원 광고물이나 온갖 물건을 사게 만드는 홈쇼핑이 이에 해당한다. 대개의 경우 학원(대입 교재) 광고물은 대학 입시의 어려움을 크게 강조한다. 학원은 학교 선생님이 갖고 있지 못한 특별한 교수 방법이나 비법이 있다고 홍보한다. 그런데 이런 교수 방법과 비법은 자기 학원이나 교재의 회원이 되어야 알려 준다. 그 효과는 이미 대학생이 된 선배 학생들이 쓴 체험 수기로 보장한다. 홈쇼핑은 어떨까? 풍성한 사은품, 어디에서도 찾기 힘든 최저 가격, 최저가로 살 수 있는 마지막 기회, 시간은 촉박한데 몇 개 남지 않은 상품. 사실 홈쇼핑 방송에서 매번 듣는 말이다. 하지만 쇼핑 호스트들은 그들만의 말재주로 시청자들을 설득해 기어코 구매자로 만든다.

광고의 나라에서 길을 잃지 않으려면

어쩌면 대중매체 시대의 광고야말로 대중문화의 지표라고 할 수 있다. 시시각각 변화하는 대중의 취향과 정서에 맞추어 가장 빨리 적응하고 대처하기 때문이다. 즉, 광고를 하나의 문화 현상으로 인정하면 광고를 접하고 소비하는 일은 문화적 활동과 마찬가지이다.

그렇다면 보기에 따라서 현대인들은 무수한 광고가 부추기는 '욕망'에 휘둘리는 힘없는 수용자일 수도 있다. 하지만 하루에도 수백 개씩 광고를 접하면서 항상 피곤함만 느끼는 것은 아니다. 우리는 재미있는 광고에 환호하고, 불만족스런 광고에는 눈길조차 두지 않는다. 광고에 자신을 비추면서 꿈 같은 상상 속에 녹아들기도 하고, 오히려 자신의 현실을 똑바로 보기도 한다. 결국 문제는 우리 자신에게 있다. 수많은 광고들에 동조하는 것도 우리, 그것을 무시하거나 비판적으로 읽고 때로는 패러디함으로써 광고에 저항하는 것도 바로 우리이다.

미디어가 변해도 상품이나 서비스를 판매하기 위해 설득한다는 광고의 원칙은 변하지 않았다. 아무리 기술이 발달해도 소비자에게 파고드는 광고의 속성은 달라지지 않을 것이다. 원하든 원하지 않든 간에 우리는 이미 '광고의 나라'에 들어섰다. 광고가 부추기는 '욕망'에 휘둘려 길을 잃고 결국엔 자신마저 잃는 수용자 또는 소비자가 되고 싶지 않다면 해야 할 일이 있다. 문화의 생산자이자 소비자인 수용자, 즉 문화생비자로서 광고를 주체적으로 읽고, 평가하며, 재생산할 수 있는 자세와 능력을 가다듬어야 할 것이다.

더 생각해보기

1. 기억에 남는 광고를 하나 선정하여 아래 질문에 답해 보자.
- **누가 쓰는 제품이며 어떤 특징이 있을까?**
- **광고는 어떤 정보를 제공할까? 어떤 사람(사물)을 제시했으며 그 이유는 무엇일까?**
- **광고의 메시지를 전달하기 위해 어떤 설득 방식이 사용되었을까?**

2. 여러분이 냉장고 문 속에 든 우유나 음료 제품 등 각 제품을 고를 때 어떤 기준으로 골랐는지, 광고가 영향을 끼쳤는지 생각해 보자.

3

카메라는 눈이자 입, 영화

장은주
권혜령

∴ 영화는 어떤 방법으로 현실을 재현할까?

주말에 재원이와 <이상한 아이들>을 보기로 했다. 오랜만에 보는 4D 영화라니 정말 기대된다. 3D 영화를 처음 봤을 때도 신기했는데, 4D라니! 영화를 처음 만든 사람은 정말 대단한 것 같다. 영화가 없다면 쉬는 날에도 즐겁지 않았겠지? 예전에는 극장에서 주로 애니메이션을 봤는데, 이제는 실사 영화가 더 재밌다. 누군가의 생각과 느낌을 생생하게 볼 수 있다니……. 그런데 영화는 어떻게 만들게 된 걸까? 세계 최초로 영화를 상영했을 때는 사람들이 너무 놀라서 소리 질렀다던데. 지금은 별것 아닌 게 당시에는 엄청 놀라웠던 일이었나 보다.

영화의 시점을 만드는 프레임

영화의 역사는 100년이 넘었지만 여전히 사람들이 좋아하고 열광하는 미디어이다.≡ 영상으로 이야기를 전달하므로 소설과는 다른 표현 방식을 가진다. 영화에서 중요한 도구는 카메라인데, 인물의 마음속까지 보여 주고 이야기를 전달하는 눈이자 입이기 때문이다.

≡ 세계 최초의 영화 상영은 오귀스트와 루이 뤼미에르 형제가 파리 그랑 카페 지하에서 10편의 짧은 영화 연속물을 상영한 것이다. 영화는 40초 정도로 '담요 위에 뛰어내리기', '아기의 식사', '바다에서 수영하기' 등 일상생활을 직접 관찰한 내용이었다. 형제가 이후에 상영한 한 장면은 화면을 거슬러 비스듬하게 달려오는 증기 기관차를 찍은 것으로, 당시 관객들은 비명을 지르며 몸을 숨기려고 했다고 한다.

누군가의 눈과 귀를 좇는다는 점에서 영화는 소설과 비슷하다. 주요섭의 소설 『사랑손님과 어머니』를 떠올려 보자. 작가는 자신이 마치 '옥희'인 것처럼 보고 말한다. 어린 소녀 '옥희'의 시점으로 어머니와 사랑손님의 사랑을 그려 내는데 매우 감칠맛 난다. 만약 작가가 '사랑손님'이나 '어머니'의 시점에서 소설을 풀어 나갔다면, 훨씬 끈적끈적한 작품이 되지 않았을까. 〈너의 이름은〉(신카이 마코토 감독, 2016)이라는 애니메이션은 잠에서 깨자 서로 몸이 뒤바뀐 시골 소녀 '미츠하'와 도시 소년 '타키'의 이야기이다. 이때 주인공이 각자 자신의 시선으로 바뀐 몸을 바라보는 것도 이와 비슷하다. 카메라가 등장인물의 눈이 되어서 주인공의 목소리를 드러내는 셈인데, 1인칭 시점의 소설과 비슷한 방식이다.

하지만 소설과 영화를 일부분만 가지고 비교하는 것은 불가능하다. 소설에서 시점은 누가, 어떻게 서술하는가를 의미한다. 영화에서는 누구의 눈으로 보는가를 일컫는 말이다. 〈완득이〉(이한 감독, 2011)를 생각해 보자. 원작 소설이 1인칭 시점인데, 영화에서도 완득이가 자신의 관점으로 상황을 설명하고 속마음을 들려주기도 한다. 그와 동시에 카메라는 주인공인 완득이의 모습과 표정까지 담아서 보여 준다. 소설을 읽을 때 독자는 상상력에 의존해서 해석하지만, 영화는 장면을 객관적으로 보여 주기 때문에 관객은 다양한 관점으로 상황을 보게 된다. 카메라는 현실과 실제 대상을 찍지만, 그 너머에는 또 다른 세상과 의미가 숨어 있다.

그렇다면 서로 비슷해 보이는 장르인 연극과 비교하면 어떨까. 연극에서 배우는 객석에 앉아 있는 관객들의 눈과 귀를 의식하며 무대 위에 선다. 반면에 영화에서 배우는 기계인 카메라 앞에서 연기해야 하므로 연기할 때 감정을 잡는 일이 쉽지 않다. 한편 연극에서 관객은 무대와 배우 전체를 바라본다. 그런데 영화에서는 영상을 잡아내는 카메라에 의해 선택된 장면만 관객에게 전달된다. 그래서 카메라의 시점이 중요하다. 영화에서는 서술자가 직접 등장하기도 하지만 그보다도 카메라의 시점에 따라 영상 표현과 전개 방식이 달라진다.

카메라는 '프레임frame'≡이라는 사각의 틀을 가지고 있다. 프레임 안에 선택된 대상은 주목받고 의미를 갖지만 그 안에 들지 못한 대상은 결국 제외되고 만다. 한 프레임 안에는 카메라 각도와 거리, 초점, 조명, 색채와 같은 여러 요소들이 있다. 여기에 각 인물의 위치와 동작 등이 더해져 하나의 의미를 만들어 낸다.

≡ 프레임은 필름 1장을 가리키는데, 보통 1초에 프레임 24장을 영사한다. 스크린에 나타나는 영상의 둘레를 말하며, 회화의 액자처럼 그림을 둘러싸는 경계를 가리키기도 한다. 또 스크린에 영사되는 직사각형 모양의 이미지로써 필름으로부터 영사되는 '하나의 숏'을 의미하기도 한다.

여러분이 영화감독이 되어 한 장면을 찍는다고 상상해 보자. 예전 남자 친구의 사진을 발견하고 그리움에 젖는 장면이다. 일단 이 장면을 세 개의 장면으로 나눈다. 첫 장면은 책에서 떨어진 사진을 발견

하고 춥는 장면으로 풀숏을 썼고, 두 번째 장면은 손에 쥐어진 흑백 사진을 클로즈업한 후, 세 번째 장면에서 사진을 바라보며 미묘한 감정을 드러내는 주인공의 얼굴을 화면 가득 클로즈업한다. 이 장면에서 중요한 것은 인물의 흔들리는 마음과 그리움을 표현하는 것이다. 다른 것은 제쳐 두고 화면 전체에 얼굴을 클로즈업해서 관객의 감정이입을 이끌어 낼 수 있다.

이렇게 프레임 안으로 들어오도록 선택된 대상들은 주목받고 의미를 부여받는다. 그러나 때로는 프레임 안에 들어온 대상이 프레임 밖의 상황을 설명하기 위해 작동한다. 또 프레임 안의 장면이 프레임 밖의 내용이나 상황을 전달하기 위한 수단으로 쓰이기도 한다.

카메라의 문법, 숏과 앵글

영화에서 카메라는 카메라의 문법을 가진다. 카메라 문법의 대표적인 두 가지가 숏과 앵글이다.

숏shot이란 카메라의 이동 없이 나오는 한 화면을 말한다. 카메라

숏은 찍는 대상과 카메라와의 거리에 따라서 다르다. 롱숏(멀리 찍기, long shot), 풀숏(머리부터 발끝 찍기, full shot), 미디엄숏(상반신 찍기, medium shot), 클로즈업(가까이 찍기, close up) 등이 있다. 멀리서 롱숏으로 찍으면 그만큼 배경과 인물을 한꺼번에 화면에 담을 수 있고, 어떤 상황이나 등장인물의 활동 범위 같은 다양한 정보를 보여 줄 수 있다. 그리고 대상에 좀 더 가까이 가서 인물을 머리부터 발끝까지 풀숏으로 잡으면, 인물이 처한 상황과 동작을 보여 주는 데 유용하다. 그다음 머리부터 가슴, 즉 인물의 절반만 찍는 미디엄숏 화면은 텔레비전 뉴스 진행자를 잡을 때 많이 쓰인다. 평범해 보이지만 시청자가 뉴스 진행자와 대화하는 듯한 느낌을 주기 때문이다. 마지막으로 가까이 찍는 클로즈업은 인물의 감정이나 행동 혹은 특정한 대상을 두드러져 보이기 위해 많이 쓰인다. 때로 인물의 눈이나 입술 등 특정한 부분만 화면 가득 찍기도 한다. 이런 숏을 자주 사용하면 오

히려 효과가 줄어들 수 있다.

앵글angle이란 영상에서 대상(피사체)에 대한 카메라의 위치나 렌즈의 각도를 말한다. 카메라 앵글은 시선의 각도에 따라서 마주보기, 올려보기, 내려보기로 나뉜다. 마주보기(평각, eye level angle)는 말 그대로 대상과 눈을 마주치는 수평적인 각도의 카메라 앵글을 말한다. 가장 일반적으로 쓰이는 각도다. 올려보기(앙각, low angle)는 낮은 위치에서 대상을 올려다보는 시점이다. 아니면 높은 곳에서 바라보는 웅장한 건축물이나 대자연을 표현하기도 한다. 내려보기(부감, high angle)는 높은 곳의 카메라가 대상을 내려다보듯이 잡는 앵글인데, 입체감이나 속도감이 약하다. 또 카메라를 일부러 기울여서 찍는 방법(사각, oblique angle)도 있다. 불안하거나 혼란스러운 상황, 그런 상황에 처한 인물의 심리를 나타낸다.

이런 카메라 기법이 어떻게 쓰이는지 구체적으로 살펴보자. 영화 〈부산행〉(연상호 감독, 2016)은 정체불명의 바이러스로 좀비가 되는 사람들과 살아남기 위해 좀비와 싸우는 사람들의 이야기다. 등장인물 중 한 명인 상화(마동석)가 좀비에게 물린 상처는 클로즈업으로 강조했고, 어린 딸 수안을 안고 도망가는 석우(공유) 뒤로 몰려오는 좀비 떼를 보여 주는 장면은 롱숏을 사용한다. 좀비들이 빠르게 몰려오는 상황이나 폐허가 된 도시 전체를 보여 줄 때는 내려보기를 사용했다.

그런데 움직이는 장면이나 한 프레임 안에 담기 어려운 장면을 찍을 때에는 어떻게 촬영할까? 카메라를 좌에서 우로, 우에서 좌로 회전하면서 촬영하는 기법을 패닝panning 기법 혹은 줄여서 팬pan이라고 한다. 이 기법은 대상이 넓거나 길어서 한 프레임에 다 들어오지 못할 경우 넓은 시야를 연속적으로 보여 줄 때 쓴다. 주변 배경과 대상과의 관계, 위치 등을 설명할 때도 쓴다. 반대로 수직으로 긴 대상을 찍을 때 카메라를 아래에서 위로 혹은 위에서 아래로 수직으로 움직이며 찍는 방식을 틸팅tilting이라고 한다. 또 현장감이나 생동감을 주기 위해 카메라를 손으로 직접 들고 뛰면서 찍는 방법도 있다. 이것을 핸드헬드handheld라고 한다. 다큐멘터리에서 즐겨 쓰며 쇼 프로그램에서 현란한 움직임을 살리기 위해서도 자주 쓴다. 핸드헬드로 촬영할 때는 카메라를 삼각대에 고정시키지 않기 때문에 카메라가 흔들리는 것을 방지하기 위해 신체 부착용 특수 받침대인 스테디 캠steady cam을 이용한다. 이렇게 찍으면 촬영이 간편해지고, 제작비도 줄일 수 있기 때문이다.

카메라를 고정하고 촬영하는 것이 가장 일반적이고 안정적이지만, 다양한 카메라 기법을 이용하면 장면을 효과적으로 보여 줄 수 있다. 줌렌즈를 통해 찍는 대상을 확대하거나 축소하는 줌인zoom in, 줌아웃zoom out 기법도 있고 아예 카메라를 이동시키는 촬영 방법도 많다. 예를 들어, 여주인공이 남자 친구와의 약속에 늦지 않으려고 거리를 뛰어가는 장면을 생각해 보자. 길옆으로 기찻길처럼 레일을 깔아 카메라를 이동시키면서 촬영하는데, 이렇게 찍는 방법으로 달리dolly가 있다.

달리는 바퀴가 있는 이동용 촬영차를 이용하여 촬영하는 기법을 말한다.

최근에는 드론이나 짐벌을 이용한 촬영 기법도 등장했다. 드론 숏은 드론을 이용하여 항공 촬영한 장면을 말한다. 이제는 스테디 캠이나 크레인을 이용한 장면들도 모두 드론 하나로 해결할 수 있어 기존의 촬영 방법이 통째로 바뀌고 있다. 짐벌gimbal은 카메라의 움직임을 줄일 수 있도록 하는 지지 장치인데, 무거운 기자재로 되어 있는 스테디 캠에 비해 가볍고 성능이 더 좋다.

착시 현상을 유도하는 카메라

사람의 눈은 작고 멀리 있는 것보다 크고 가까이 있는 것에 더 주의를 기울인다. 그런가 하면 정지 상태에 있는 것보다 움직이는 것에 더 관심을 기울인다. 카메라는 이런 사람의 눈과 같은 원리를 이용해 한 프레임씩 촬영하고, 이것을 연속적인 영상으로 보여 주는 것이다. 영화 필름은 1초당 24장의 정지 영상이 기록되고, 비디오 필름은 1초당 30장의 정지 영상이 기록되어 있다. 정지 영상을 빠르게 돌리면 동영상이 된다. 말하자면 동영상은 하나의 착시 현상이다. 카메라와 촬영 기술의 발달 덕분에 우리는 실제 현실보다 더 그럴듯한 영상을 접하면서 살고 있는 셈이다.

축구 경기에서 골대에 골이 들어가는 순간은 매우 짧은데, 득점하는 순간 텔레비전 화면에는 선수들의 근육과 땀, 환호하는 관중들의 모습이 가득하다. 또 골이 어떻게, 어느 방향으로 들어가는지를 느린 화면으로 보여 주기도 한다. 사람의 눈으로는 볼 수 없는 것들을 카

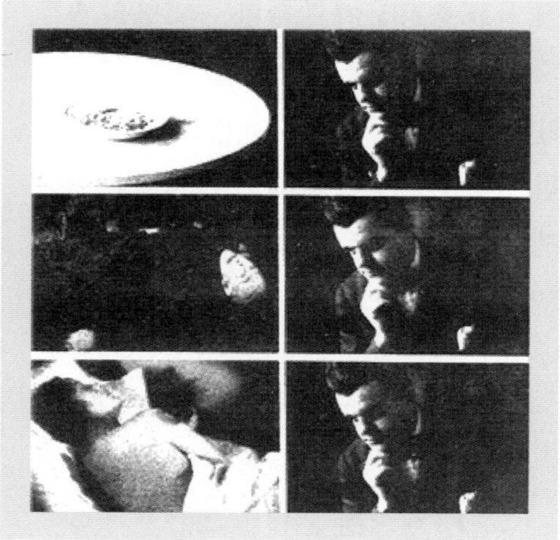

메라 장비를 통해 더 실감나게 느낄 수 있다. 그러고 보면 카메라는 현실보다 더 현실 같은 경험을 사람들에게 선사한다고 할 수 있다.

영화에서는 서로 다른 의미의 이미지가 이어질 때 전혀 다른 제삼의 의미를 만들어 낸다. 이것을 몽타주montage라고 한다. 넓은 의미의 몽타주는 영화를 편집하는 과정, 모든 숏과 장면들을 편집하는 과정을 일컫기도 한다. 몽타주를 영화의 구성 원리로 만드는 데 쿨레쇼프 실험이 큰 역할을 했다.

러시아 영화감독 레프 쿨레쇼프≡가 한 남자 배우의 무표정한 얼굴을 찍었다. 그리고 남자 배우가 등장한 같은 장면을 각각 식탁에 놓인 음식, 관 속의 한 여자, 소녀가 나오는 장면에 이어 붙인 후 그 장면의 의미가 어떻게 달라지는지 살펴보았다. 실험 결과, 뒤에 어떤 장면을 넣느냐에 따라 남자 배우의 감정은 다르게 느껴졌다. 무표정한 얼굴에서 각각 굶주림, 슬픔, 애정이 표현되었다.

≡ 소련의 영화감독이자 영화이론가. 1920년대 소련 무성영화의 초기 대표작으로 꼽히는 〈볼셰비키국가에서 웨스트 씨의 모험〉을 감독했고, 몽타주 이론의 선구자가 되었다.

시간을 압축해서 보여 주는 편집 역시 몽타주다. 영화에서 달력의 낱장이 하나하나 떨어져 나가는 화면 위로 꽃이 피고, 낙엽이 지고, 눈이 내리는 화면을 겹쳐 보여 주고, 사람들이 쓰러지고 경찰과 기자가 몰려들고, 윤전기에서 신문이 쏟아져 나오는 장면들이 그 예이다. 이렇게 몽타주를 이용해 시간의 흐름과 사건의 경과를 요약해서 쉽게 전달한다.

초점을 어떻게 잡느냐에 따라서도 화면 안의 대상이 갖는 의미가 달라진다. 세 사람을 카메라 화면 가득히 잡았다고 하자. 그때 첫 번째 사람에게만 초점을 맞추면 그가 다른 사람과 똑같은 크기라 할지라도 중심인물로 부각된다. 초점이 맞춰진 사람만 명확하게 나타나고 나머지 다른 사람은 뿌옇게 보인다. 자연히 관객의 시선은 카메라를 좇아오게 된다. 사진을 찍었는데 엉뚱한 곳에 초점이 잡혀서 당황스러웠던 적이 있을 것이다. 중심으로 잡고 싶은 대상은 초점을 맞춰야 한다. 그때 누군가 휙 지나가면 순간 초점이 다른 곳으로 옮겨 가면서 사진을 망치고 만다. 그래서 수동카메라나 비디오카메라는 렌즈 부분에 초점을 맞추는 링이 달려 있다.

관객의 착각을 유도하는 카메라

카메라의 주된 시점은 사건을 바라보는 영화 전체의 태도와 주제 의식을 결정짓는다. 그러다 보니 간혹 어떤 관객들은 영상에 담긴 시점과 태도를 무비판적으로 받아들이기도 한다. 전쟁 영화를 볼 때, 관객은 영화 주인공에게 감정을 이입해서 주인공이 살아남기 바란다. 이미 그가 우리 편 혹은 나의 또 다른 모습이라고 생각하기 때문이다. 그래서 주인공의 총에 맞아 나뒹구는 적의 모습에는 어떤 연민이나 불쌍함도 느끼지 않게 된다. 결국 관객은 영화 속 주인공의 시점에서 사고하고 행동한다. 이렇게 카메라는 착시 현상뿐만 아니라 관객의 착각을 일으킬 수도 있다.

미국 할리우드에서 만든 전쟁 영화들이 비판받는 이유가 이 때문이다. 지금까지 베트남 전쟁, 걸프 전쟁, 이라크 전쟁 등을 소재로 삼은 대부분의 할리우드 영화는 미군을 정의를 실현하는 구원자처럼 그렸다. 카메라가 미군의 시점에서 전투를 다루었기 때문이다. 예컨대 영화 〈익스펜더블〉 시리즈는 전직 특수부대 출신이 모여 세상을 구원한다는 내용이다. 실제로 1980~90년대 유명 액션 배우들이 등장하는데, 마치 영웅의 모습을 재연하려는 것으로도 보인다. 이런 영화에서 주인공은 폭력이나 살인을 통해 자신의 능력을 과시하며, 적들은 못된 짓만 하다가 힘없이 쓰러진다.

그러나 최근에는 이렇게 단편적인 시점에서 벗어나려는 영화가 늘고 있다. 이라크 전쟁을 배경으로 한 〈그린 존〉(폴 그린그래스 감독, 2010)은 미국에 비판적 시점을 가지고 있다. 전쟁의 명분은 세계평화 수호였지만, 실은 이라크 지역의 석유를 확보하여 경제 회복을 위한 돌파구를 마련하려는 미국의 욕망을 보여 준다. 〈혹성탈출: 종의 전쟁〉(맷 리브스 감독, 2017)은 인간과 맞서는 다른 존재의 시점을 중심으로 보여 주었다. 이 영화에서는 침팬지인 '시저'의 가족과 동료들을 잔인하게 몰살하는 인간의 잔혹함을 드러낸다.

이처럼 카메라의 시선 혹은 시점이 가지는 힘은 강력하다. 우리는 카메라가 비추는 대로 대상이나 사건을 바라본다. 감독은 현실을 생생하게 재현하기 위해 다양한 카메라 기법을 사용한다. 하지만 의도적으로 카메라와 대상의 거리나 앵글을 설정하여 인물의 다양한 면모와 여러 인물의 시선을 보여 주기도 한다. 따라서 영화는 때로 왜곡된 시선을 담아내기도 한다. 그러나 카메라가 비춘 인물과 대상을 통해 평소와는 다르게 더 깊이 들여다보거나 다른 각도에서 바라볼 수 있다. 특히 우리가 생각하지 못했거나 놓치고 있던 시점을 영화가 보여 줄 때, 그 영화는 우리의 삶에 더 깊은 울림을 줄 수 있다.

더 생각해보기

1. 카메라의 거리와 각도, 시점을 염두에 두고, 다음 소재 가운데 하나를 골라서 사진을 4장 찍어 보자. 그런 다음 자신이 찍은 사진들을 친구들에게 소개하면서 어떤 의도로 찍었는지 이야기해 보자.
   - 친구들이 바라보는 나의 모습
   - 담임선생님의 입장에서 학생들을 볼 때 눈에 띄는 모습
   - 주변 학생의 입장에서 학교의 하루 생활을 돌아볼 때 기억나는 일
   - 다른 학교에 다니는 친구에게 우리 학교를 소개하려고 할 때 말하고자 하는 것

2. 가장 기억에 남는 영화 한 편을 떠올려 보고, 다음 질문에 답해 보자.
   - 영화의 제목은 무엇이며, 가장 기억에 남는 이유는 무엇일까?
   - 영화에서 가장 인상적이었던 장면은 무엇일까?
   - 이 영화의 주요 관객층을 생각해 보자. 그 사람들에게 흥미를 끌 수 있는 이유는 무엇이며, 흥미를 끌기 위해 어떤 방법을 사용했을까?

4

스크롤하면 재미가 올라온다, 웹툰

최은옥

:: 웹툰을 그리고 읽는 방식은 어떻게 달라졌으며,

앞으로는 어떻게 될까?

Web toons

잠자리에서 뒹굴뒹굴하다 얼굴에 휴대전화를 떨어뜨리길 몇 차례. 졸음이 마구 밀려오지만 아직 잘 수 없다. 내가 제일 좋아하는 <유미의 세포들>이 아직 올라오지 않았기 때문이다. 오늘따라 왜 이렇게 업데이트가 늦지? 아, 이제야 올라왔네. 결국 끝까지 보고 나서야 잠이 들었다. 이 웹툰은 일주일의 딱 한가운데, 힘든 수요일을 버티게 해 주는 힘이다. 이번 편에서도 유미에게 감정이입이 된다. 크~ 새로운 남자 주인공의 등장! 유미는 과연 어떤 선택을 할까? 작가는 정말, 사람 심리를 감칠맛나게 묘사한다. 벌써부터 다음 연재일이 기다려진다.

넘기다, 클릭하다, 스크롤하다

만화에는 밀려오는 졸음을 쫓아내는 힘이 있다. 글과 그림으로 표현된 이야기라니, 술술 읽힌다. 게다가 재미있기까지 하다. 과거에는 만화를 보려면 만화책이 출간되기만을 기다렸다. 이제는 스마트폰으로 자신이 원하는 때에 좋아하는 만화를 마음껏 골라 볼 수 있다. 이게 바로 웹툰이다. 여러분은 웹툰을 얼마나 자주 그리고 언제, 어디서, 어떻게 보고 있을까.

'웹툰'은 인터넷을 뜻하는 '웹web'과 만화를 뜻하는 '카툰cartoon'을 합쳐 만든 말이다. 여기서 카툰은 프랑스어의 '카르통carton'에서 유래한 말인데, 원래 두꺼운 종이 혹은 그 위에 그리는 그림을 뜻한다. 산업화 시대에 유명인을 우스꽝스럽게 묘사하거나 풍자하는 그림이 그려지기 시작했는데, 이것을 카툰이라고 불렀다. 결국 '웹툰'은 각종 멀티미디어 효과를 동원해 제작한 '인터넷 만화'라고 정리할 수 있다.

우리나라에서는 1990년대 후반, 인터넷이 활성화되면서 만화가나 개인 블로거들이 홈페이지를 통해 웹툰을 연재하기 시작했다. 이전에는 기존의 만화책 원작을 스캔하여 디지털화한 '디지털 만화 형식'이 전부였다. 그런데 인터넷 포털이 웹툰 서비스를 만들고 투자하면서부터 '스크롤 기반 형식'의 웹툰이 폭발적으로 급성장했다. 2003년, 포털 사이트 다음에서 '만화속세상'이라는 코너를 마련했다. 당시 발표한 강풀의 〈순정만화〉는 서사가 있는 장편 웹툰으로서 엄청난 인기를 끌었다. 이 작품이 포털 사이트에서 정기적으로 연재하는 현재의 웹툰 개념을 만들었다고 할 수 있다. 2004년에는 네이버가

'네이버웹툰'을 선보였다. 이후 야후, 네이트에서도 잇따라 웹툰 서비스를 제공하기 시작했다. 주요 독자층이 30~40대인 다음 웹툰을 넘어서기 위해, 네이버는 1318세대를 주요 독자층으로 삼았다. 전략대로 10~20대의 큰 사랑을 받은 네이버 웹툰은 웹툰 시장에 성공적으로 자리 잡았고, 현재는 이용률이 가장 높은 플랫폼이 되었다.

웹툰은 모바일 시대를 맞이하면서 한층 더 발전한다. 스마트폰이 보급되자 어플리케이션 형태로 웹툰을 손쉽게 볼 수 있게 되었다. 마음먹고 앉아서 보든, 이동하는 자투리 시간을 이용하든 언제 어디서나 즐길 수 있다. 유료 웹툰도 있지만 무료로 즐길 수 있는 웹툰이 대부분이어서 경제적인 부담도 적은 편이다. 2015년 한국콘텐츠진흥원에서 15~49세의 웹툰 이용자 500명을 대상으로 웹툰 이용에 대한 실태 조사를 했다. 웹툰 이용자들의 이용 빈도는 '매일' 보는 사람들이 가장 많고(36.2%), 그다음은 '2~3일에 한 번씩'(31.7%)이 많다. 이용

왼쪽 위부터 순서대로 〈삼봉이발소〉, 〈생활의 참견〉, 〈유미의 세포들〉, 〈신의 탑〉, 〈송곳〉, 〈조선왕조실톡〉

편수는 일주일을 기준으로 볼 때 '2~5편'(38.6%) 정도를 보는 경우가 가장 많고, 다음으로 '6~10편'(17.8%) 정도를 보고 있다.[15] 하지만 빈도와 편수는 상대적이다. 평소에 잘 보지 않다가 한 번에 정주행(몰아보기)도 하고, 많이 보는 이용자들은 일주일에 30~40편씩 보는 경우도 있다.

웹툰은 엄청날 정도로 다양한 이야기를 다룬다. 웹툰의 장르는 크게 '에피소드, 스토리, 일상, 개그, 판타지, 액션, 순정, 스릴러, 스포츠' 등으로 구분된다. 일상적인 재미를 추구하는 작품(〈마음의 소리〉, 〈생활의 참견〉)부터 판타지나 모험(〈신과 함께〉, 〈신의 탑〉, 〈노블레스〉), 학교 · 학생(〈프리드로우〉, 〈스피릿 핑거스〉), 연애(〈유미의 세포들〉, 〈연애혁명〉), 외모지상주의(〈삼봉이발소〉, 〈외모지상주의〉), 드라마(〈나빌레라〉), 노동자의 권리(〈송곳〉), 청년실업(〈미생〉), 역사(〈26년〉, 〈조선왕조실톡〉) 등 소재도 관점도 분량도 다양하다. 많은 사람들이 각자의 삶 속에서 자기만의 방식으로 이를 누리며 즐기고 있다. 청소년층은 주로 주인공이 '학생'이고, '학교'를 배경으로 하는 에피소드에 공감한다.

알고 보면 더 재미있는 웹툰 이야기

아침 조회 시간, 다음 주에 '학교폭력 예방 작품 대회'를 연다고 한다. 으레 하는 학교 행사라 별 관심은 없다. 그런데 '오호~!' 공모 분야 중 웹툰 그리기가 눈에 띈다. 반 아이들도 산문, 시나리오, 표어, 포스터보다 웹툰에 훨씬 관심이 많다. 지난번 '흡연예방 작품 대회' 때에는 웹툰이라고 해 놓고, 학교 벽 게시판에 게시하는 게 끝이던데. 게시물로 보는 건 웹툰으로 보는 것과는 눈맛도 손맛도 다르다. 그리고 웹툰의 꿀잼은 댓글놀이인데. 그게 빠지면 웹툰이 아니라 그냥 만화 아닌가? 선정된 작품을 온라인에서 함께 감상하고 댓글을 달 수 있게 하면 훨씬 더 재미있을 텐데…….

위에서 안타까움을 느낀 이유는 학교 현장에서 웹툰의 특성을 제대로 구현하지 못했기 때문이다. 웹툰은 인터넷 환경을 바탕으로 창작되고 향유된다. 그래서 단순히 학교 복도에 작품을 게시하는 것과는 차원이 다른, 여러 특징이 있게 마련이다. 그렇다면 인쇄 만화와 웹툰의 차이점은 무엇일까?

우선 지면과 화면의 차이이다. 어떤 미디어를 이용하느냐에 따라 작가의 표현 방법, 독자의 읽기 방식, 제작 비용 등이 달라진다. 기본적으로 만화는 '칸'으로 장면을 구분한다. 각각의 칸에는 인물과 배경, 말풍선, 말풍선에 담긴 대사, 상황을 드러내는 의성어와 의태어가 담긴다. 웹툰도 만화의 그것과 같은 요소들로 표현되지만, 장면이 칸으로 나누어지지는 않는다. 기본적으로 독자가 스크롤을 내리면 다음 장면이 이어진다. 이런 상하 스크롤 방식은 다음 장면에 대한 집중도와 몰입도를 높여 주고, 다양한 효과를 통한 극적 반전 연출이 가능하다. 독자들은 매주 1회 또는 2회씩 연재되는 웹툰을 빠르게 스크롤하며 소비한다. 또한 미디어의 차이로 인해 제작 비용이 달라졌다고 했는데, 색 하나를 추가할수록 가격이 올라가는 인쇄 만화와 달리 웹툰에서는 다양하고 화려한 색을 마음껏 활용할 수 있다.

다음으로 웹툰은 멀티미디어적 성격이 강하다. 여러 방향으로 장면을 전환할 수 있고 장면 전환 효과를 설정할 수도 있는 스마트툰smart toon, 한 컷씩 좌우로 넘겨 보는 컷툰cut toon, 그리고 음향 효과와 움직이는 이미지를 더한 무빙툰moving toon까지 등장했다. 인쇄 만화가 이미지와 글자만으로 표현되었다면, 웹툰은 배경음악이나 애니메이션, 그리고 스마트폰의 진동까지 활용할 수 있는 멀티미디어 환경을 바탕으로 한다.

매년 여름이면 공개되는 납량특집 웹툰을 예로 들어 보자. 2011년 7월에 웹툰 역사에 한 획을 긋는 작품이 등장했으니, 바로 호랑의 〈옥수역 귀신〉이다. 네이버 미스테리 단편 시리즈 중 하나였던 이 작품은 당시 많은 웹툰 독자에게 엄청난 충격을 주었다. 아무 생각 없이 스크롤하던 독자들은 갑자기 화면 밖으로 튀어나올 듯한 귀신의 손을 보고 소리를 지를 수밖에 없었다. 〈옥수역 귀신〉은 우리나라에서 최초로 애니메이션 효과를 도입한 웹툰으로, 이후 다른 여러 작품에 발전적인 영향을 미쳤다. 어떤 작가들은 점점 더 음향과 애니메이션을 정교하게 넣어 그렸다. 이런 무빙툰을 보면 우리는 마치 한 편의 영화를 보는 듯한 느낌을 받는다.

2017년 12월, 웹툰 역사에 두 번째 획을 긋는 작품이 등장했다. 네이버웹툰과 하일권 작가가 공동 제작한 〈마주쳤다〉. 이 작품은 2016년 선보인 증강현실툰AR toon 〈폰령〉 이후 새롭게 시도된 네이버 웹툰의 기술 기반 웹툰이다. 독자와 작품이 서로 상호작용(인터랙션)하며 완성된다는 특징 때문에 '인터랙션툰interaction toon'으로 불린다. 웹툰 속 인물이 독자의 이름을 부르고, 독자가 자신의 스마트폰으로 셀프카메라를 찍으면 순식간에 주인공이 되어 웹툰 속에 등장한다. 이뿐 아니다. 스마트폰에 '후~' 하고 바람을 불면 여주인공의 머리카락이 바람의 세기에 따라 휘날린다. 손가락으로 '슥슥~' 여주인공의 코에 묻은 아이스크림을 닦아 줄 수도 있다. 독자는 자신이 진짜 웹툰의 주인공이 된 듯한 기분을 느끼게 된다. 게다가 여주인공이 독자가 사는 세계로 빠져나오기까지 한다. 이 작품에서 독자가 등장인물과 교감하는 장면들은 '360 파노라마 이미지 기술, 터치패드, 얼굴 인식, 증강현실, 음성 인식' 등 다양한 기술을 바탕으로 구현된 것들이다.[16]

뿐만 아니라 웹툰은 인쇄 만화와 달리 '작가와 독자', '독자와 독자' 사이에 즉각적이며 쌍방향적인 소통이 가능하다. 작가는 웹툰을 통해 자신이 하고 싶은 말을 한다. 작가의 메시지가 담긴 웹툰을 보며 독자는 다양한 상상을 펼치고, 스트레스를 해소하고, 신선한 즐거움을 누린다. 또 이전에는 몰랐던 정보들을 알게 된다. 더 나아가 지인들과 감상을 공유하며 소통의 기쁨을 느낀다. 지인이 아니더라도 댓글을 통해 즉각적으로 작가 그리고 또 다른 독자들과 소통할 수 있다. 2017년 7월 완결된 라일라의 〈나는 귀머거리다〉를 예로 들어 보자.

> 5교시 국어 시간, 요즘은 관심사를 주제로 3분 말하기 수행평가를 하고 있다. 이번에는 서린이 차례인데 시작 전부터 살짝 걱정이 됐다. 서린이는 청각장애인 친구이다. 발음이 부정확하긴 했지만 열심히 발표했다. 예전에 인공와우수술을 했다던데, 수술이 성공적이었던 것 같다. 사실 난 청각장애에 대해서는 아는 게 하나도 없었다. 그런데 얼마 전부터 챙겨 본 웹툰 〈나는 귀머거리다〉를 통해 많은 것을 알게 되었다. 라일라 작가는 실제 난청인이다. 에피소드 중 인공와우수술 편을 보면 수술이 굉장히 힘들고 적응 과정이 필요한 치료임을 알게 된다. 인공와우수술을 한 후 처음 '소리'를 듣고 작가가 느낀 감정은 '공포'라고 한다. 그 후로 서린이를 보면 참 대단하다는 생각이 들었다.

웹툰을 통해 이전에는 몰랐던 정보들을 알게 되고, 다른 사람의 처지를 이해하고 그 마음에 공감하기도 한다. 라일라 작가는 마지막 화에 이런 메시지를 남겼다. "완결까지 함께 달려 주셔서 고맙습니다! 궁금하신 점이 있으신 분은 댓글 남겨 주시면 5개가량을 선정해 후기에 답변을 남기도록 하겠습니다! 감사합니다!^^"

작가의 말을 본 독자들은 다음과 같은 댓글들을 남겼다. 독자들의 추천을 많이 받은 댓글의 일부를 소개한다. '난청인 중학생', '장애인을 대하는 문화', '인권단체 참여 계기', '개인적 소감과 작가에게 궁금한 점' 순이다.

〈나는 귀머거리다〉 독자들이 남긴 댓글

저는 사실 난청을 앓고 있는 중학생입니다. 작가님 웹툰이 나왔을 때 얼마나 기뻤던지요. 댓글은 전부 달지 못했어도 별점 열심히 드리면서 먼발치에서 응원했답니다. 여러 가지로 공감하는 부분도 많았고, 작가님의 이야기를 보면서 남몰래 울기도 한 적이 여러 번이에요. — cats****

비장애인도 아플 때 장애인 취급받고 그들을 경멸하고 못마땅해하는 사람들도 많은데 실제 원치 않는 장애를 가지고 있는 분들이 얼마나 상처를 받을지 감히 짐작할 수가 없네요. 사람들이 조금 더 배려심을 갖고 기다려 주고 이해했으면 좋겠어요. — ruyi****

작가님은 제게 좋은 작가이자 동시에 좋은 선생님이셨어요. 작가님의 만화를 보면서 아 그렇구나 하고 곱씹으며 그에 대해 책을 읽고 공부하기 시작했습니다. 작가님, 저는 지금 작가님에게서 배우고 알아 간 그것들을 바탕으로 해서 청소년들이 활동하는 인권단체에서 활동하고 있어요. 작가님께 너무 고맙고 감사할 따름입니다. — moro****

저뿐만이 아닌 많은 분들에게 많은 교훈과 감동, 이야기 등을 알려 주시고, 장애인에 대한 벽을 없애 주셔서 다시 한번 더 감사드립니다, 라일라 작가님. 어떤 이유로 네이버웹툰에 '나는 귀머거리다'라는 제목의 장애인 이야기를 담은 웹툰을 올리시게 되셨나요? — jjst****

작가는 후기 편에서 위와 같은 독자들의 질문과 감상에 친절히 답하고 훈훈하게 작품을 마무리했다. 이보다 더 적극적으로 소통하는 사례도 있다. 웹툰 작가 중에는 작가의 말 또는 개인 SNS 등을 통해 독자들을 대상으로 이벤트를 여는 경우도 있다. 이렇듯 웹툰 세상에서는 즉각적이며 쌍방향적인 소통이 활발히 이루어지고 있다.

문화 산업으로 자리 잡은 웹툰

웹툰은 어느새 우리 생활 속에 자연스럽게 스며들었다. 예전에는 만화를 좋아하면 공부도 잘하지 못할 것이라는 편견이 강했다. 만화를 보고 그리는 걸 좋아하면 '오덕'이라며 무시하는 분위기도 있었다.≡ 그러나 웹툰을 감상하는 일은 단순하지 않다. 등장인물의 성격과 이야기 구성을 파악하는 능력이 필요하기 때문이다. 또 꾸준히 이야기 흐름을 따라갈 수 있어야 한다. 요즘은 청소년 중에서도 뛰어난 작화 실력과 작가가 되고자 하는 열정을 가진 친구들이 많다. 단순히 만화를 좋아하는 것에 그치지 않고 자신이 그린 만화를 직접 온라인에 올리는 청소년도 많아졌다. 또래 친구들은 SNS에서 실력과 재미를 갖춘 작품을 돌려 보기도 하며 응원한다.

≡ 〈프리드로우〉(전선욱) 웹툰에도 잘 드러나 있다. 아마추어 웹툰 작가로 활동 중인 주인공 고등학생! 그러나 만화를 좋아하면 오덕이라는 편견 때문에 자신의 취미가 알려질까 전전긍긍한다. 어쩌다 만화부에 들어가게 되고, 시간이 지나 일진이었던 과거를 청산하고 주위 사람들에게 자신의 취미를 밝힌다. 나중에는 고교생 웹툰 작가 대전에 뛰어들면서 더욱 진지하게 새로운 정체성과 인생을 찾게 된다.

이런 웹툰의 인기에 힘입어 웹툰 산업은 폭발적으로 성장하고 있다. 관공서나 지역사회 단체에서는 대중에게 알리고 싶은 사건이나 정보를 홈페이지에 웹툰 형식으로 게시한다.≡ 또 학생이나 일반인

≡ 헌법재판소 홈페이지에서는 '만화로 보는 결정'을 연재하고 있으며, 대한주택보증공사에서는 '고집사'라는 캐릭터를 주인공으로 하는 웹툰을 연재하고 있다. 이 외에도 정부나 관공서 등에서는 어렵고 복잡한 정보를 쉽고 간단하게 전달하기 위해 웹툰과 인포그래픽 형태를 이용한다.

을 대상으로 한 웹툰 공모 대회를 열기도 한다. 이전에 웹툰 산업은 만화 산업에 종속된 하나의 장르로 평가받아 왔다. 그러나 현재 만화 산업에서 웹툰이 차지하는 규모는 점점 확대되고 있다. 무엇보다 웹툰의 영향력이 커지자 웹툰을 광고 플랫폼으로 활용하는 사례가 늘고 있다. 바로 '배너 광고, 간접 광고, 브랜드 웹툰' 등을 통해 이용자들에게 거부감 없는 광고 소재로 활용하고 있는 것이다. 가끔 웹툰 맨 끝에 달린 광고를 웹툰 내용의 연장으로 착각하게 되는 경우도 있다.

그리고 웹툰 플랫폼들은 자사의 인기 웹툰을 영화, 드라마, 웹드라마와 같이 다른 유형으로 발전시키는 '원 소스 멀티 유즈One Source Multi Use' 전략을 내세우고 있다. 이를 통해 콘텐츠 생태계를 키우는 데 적극적으로 나서고 있다. 2000년대 중반부터 〈아파트〉(안병기 감독, 2006)를 시작으로 〈이끼〉(강우석 감독, 2010), 〈은밀하게 위대하게〉(장철수 감독, 2013), 〈신과 함께〉(김용화 감독, 2017)처럼 웹툰을 원작으로 하는 영화가 쏟아지고 있다. 뿐만 아니다. 텔레비전 드라마 〈미생〉(tvN, 2014), 〈송곳〉(JTBC, 2015), 〈치즈인더트랩〉(tvN, 2016), 〈동네변호사 조들호〉(KBS, 2016)와 웹드라마 〈마음의 소리〉(네이버TV · KBS, 2016)도 모두 같은 제목의 웹툰이 원작이다.

영화나 드라마의 창작자 입장에서 완전히 새로운 작품을 만드는 것은 부담이 높다. 하지만 유명 웹툰을 활용할 경우 제작에 대한 위험 요소를 상당 부분 줄일 수 있다. 이야기 구조와 독자의 반응에 대한 검증이 이미 이루어진 콘텐츠이기 때문이다. 웹툰을 기반으로 한

2차 창작물의 경우, 기존 원작을 봤던 사람들을 끌어들이기도 쉽다. 게다가 2차 창작물을 먼저 본 사람들은 다시 원작 웹툰에 관심을 가지게 된다. 이렇게 좋은 구조가 만들어지면 함께 성장할 수 있다. 앞으로 웹툰은 유료 서비스나 광고로 얻는 수입뿐 아니라 드라마, 영화, 게임, 공연 등 2차 창작물에 대한 판권 수익과 해외 수출 등을 통해 얻는 수익도 점차 늘어날 것이다.[17] 덧붙여 현재 웹툰 플랫폼의 자발적 해외 진출이 이루어지고 있다.

스마트폰이 우리 일상을 파고든 만큼 웹툰도 우리와 더욱 가까워졌다. 재미를 위해서, 감동을 위해서, 웹툰을 그리기 위해서, 혹은 소통을 위해서와 같이 웹툰을 즐기는 이유는 다양하다. 지금부터는 여러분도 웹툰을 보면서 이야기가 어떤 방식으로 표현되는지, 작가가 전하고자 하는 메시지는 무엇인지, 우리의 일상과 사회가 어떻게 그려지는지 생각해 보자. 때로는 댓글을 통해 작가나 다른 독자들과도 감상을 나누어 보자. 더 나아가 직접 웹툰을 그려 보면서 웹툰 작가를 꿈꿀 수도 있다. 이미 여러분은 현재 웹툰 문화와 산업의 중심에 있는 중요한 향유자임을 알기를!

더 생각해보기

1. 여러분이 즐겨 보는 웹툰에 작가 또는 다른 독자들과 소통할 수 있는 댓글을 달아 보자.

2. 웹툰 댓글의 역할과 의의, 순기능과 역기능에 대하여 이야기해 보자.

5

새로운 미디어의 등장, 게임

이경혁

:: 게임의 미디어적 특성은 무엇일까?

"롤드컵은 재밌게 보고 있니?" 삼촌이 묻는다. "네, 외국 팀들이 아무리 해도 한국 팀은 못 따라가니까요." 삼촌이 어릴 때는 주로 오락실에서 게임을 했다고 한다. 한판에 20원이나 50원 정도 했는데 인기 좋은 건 그때나 지금이나 마찬가지라며 웃는다. 당시에도 게임한다고 하면 선생님이나 부모님이 화냈을까? "지금보다 더 했을걸? 선생님들이 주기적으로 오락실 순찰을 돌면서 아이들을 잡아내기도 했지. PC방보다 오락실이 더 나쁜 곳으로 생각됐던 것 같아. 지금은 세계적으로 인정받는 게이머도 나오고 있으니까, 아무래도 인식이 좋아진 거겠지?"

달라진 게임의 세계

리그 오브 레전드League Of Legends, LOL, 오버워치overwatch, 리니지lineage……. 여러분도 한 번쯤 들어 본 게임일 것이다. 텔레비전에서는 하루에도 몇 개씩 모바일 게임 광고가 나온다. 버스나 지하철에서도 게임하는 사람을 얼마든지 볼 수 있다. 기술이 발전하면서 게임 환경 또한 큰 변화를 맞이하고 있다. 그러나 콘텐츠가 늘어나고 게임 환경이 달라져도 게임을 바라보는 인식은 큰 변화가 없는 것처럼 보인다. 학교 근처 PC방은 청소년들의 인기를 한 몸에 받고 있지만, 게임하는 자녀를 우려하는 부모님의 걱정과 꾸짖음은 여전하다.

가장 널리 사랑받는 동시에 가장 많은 우려를 받고 있는 컴퓨터 게임. '가장 많은'이란 말이 가리키는 것처럼 현재 제일 주목받는 미디어다. 게임은 플레이어 스스로 주인공이 되어 이야기를 만들고 사건을 헤쳐 나가는 새로운 방식을 가지고 있다. 덕분에 지금까지 나온 미디어들이 주지 못한 새로운 재미로 사람들을 매혹시키고 있다. 한

편으로는 기성 세대들이 두려워하게 만드는 힘을 지닌다.

특히 컴퓨터 게임은 문학, 음악, 미술, 영화, 사진과 같은 기존의 모든 미디어가 디지털 기술에 의해 하나로 합쳐진 미디어나 마찬가지이다. 우리는 그 영향력이 계속 커지는 게임의 시대에 살고 있다. 게임을 통해 삶과 세상에 대해 새롭게 인식하고, 그로부터 영향받는 삶을 살게 될 것이다. 이제는 단순히 즐기기만 해서도 그저 두려워만 해서도 안 될 상황에 놓였다. 지금 필요한 것은 게임을 미디어로서 '읽어 내는' 능력이다.

미디어 학자인 마셜 맥루언은 『미디어의 이해』에서 "미디어 그 자체가 이미 메시지다."라는 주장을 펼쳤다. 새로운 미디어가 등장하고, 그 미디어를 통해 사람들이 세계를 읽고 이해하게 됨으로써 펼쳐지는 새로운 변화 자체가 이미 메시지라는 말이다. 그래서 게임은 등장 자체로 이미 우리의 삶을 변화시키고 있는 메시지이다. 여러분도 이제 단지 게임을 하고 1승에 기뻐하는 것에 그쳐서는 안 된다. 게임이 우리의 삶과 문화를 어떻게 변화시키는지 읽을 필요가 있다.

게임이 펼치는 새로운 스토리텔링

게임은 놀이인 동시에 미디어인 독특한 양식을 가지고 있다. 컴퓨터 게임이 나오기 전부터 존재하던 게임들에도 녹아 있는 속성이다. 가장 유명하고 오래된 일종의 보드게임은 '장기'다. 고대 인도 놀이 '차투랑카'가 동아시아에 전래되면서 시작됐다. 장기판 양쪽 진영의 대장 말에는 각각 '楚초'와 '漢한'이라는 한자가 쓰여 있다. 이것은 장기가 중국의 역사적 인물 항우(초나라)와 유방(한나라) 간의 대결 이야기를 기초로 만든 게임임을 보여 주는 중요한 단서다.

책과 같은 고전 미디어에서 항우와 유방의 이야기는 이미 결정된 사건을 정해진 순서대로 풀어 나간다. 그러나 장기에서는 플레이어(게임을 하는 사람)의 선택에 따라 이야기의 큰 줄기부터 작은 요소까지 모두 변화할 수 있다. 초반부터 압도하는 이야기도, 지다가 역전하는 이야기도 장기 안에서는 다채롭게 나타나곤 한다.

고전적인 보드게임은 컴퓨터 시대를 맞이하며 더욱 풍부한 스토리텔링의 기회를 얻었다. 복잡했던 계산이 빠르게 처리되고, 컴퓨터 그래픽을 이용해 살아 움직이는 가상의 세계를 만들 수 있게 되었기 때문이다. 이때부터 스토리텔링≡은 더 구체적이고 정밀한 형태를 갖추게 되었다. 장기와 같은 보드게임이 컴퓨터 안으로 들어오자 마치 현실을 옮긴 것처럼 세밀하고 구체적으로 표현되기 시작한 것이다.

'스타크래프트Starcraft'는 전 세계 수많은 게임 팬을 열광하게 만든 전략 게임이다. 전혀 다른 배경과 문명을 가진 테란, 프로토스, 저그≡ 세 종족이 하나의 전장에 모였을 때 벌어지는 이야기를 게임으로 담았다. 만약 장기나 바둑과 같은 방식으로 구현하려고 했다면, 몇백 개의 장기 말과 방

≡ 스토리(story)와 텔링(telling)을 합친 말. 상대방에게 알리려는 내용을 재미있고 생생한 이야기로 설득력 있게 전달하는 행위이다.

≡ 스타크래프트는 세 종족이 등장하며, 각기 다른 유닛과 생산 체계를 가지고 있어 전투 형태가 복잡하다. 인간이지만 기지 이동이 손쉬운 테란, 하나하나의 유닛이 강하지만 생산 비용이 비싼 프로토스, 진화를 통해 생체 건물을 만들고 막강한 번식력으로 물량 위주의 플레이를 보이는 저그가 있다.

대한 보드판, 그리고 공격과 방어, 이동을 계산하기 위해 별도의 계산기와 기록지가 필요했을 것이다.

그러나 컴퓨터를 이용한 계산 기술은 복잡한 과정을 생략하고, 게임 안에서 유닛unit≡이 생산되고 움직이며 전투하는 장면만을 오롯이 즐길 수 있게 해 주었다. 단지 키보드 몇 번, 마우스 몇 번을 누르는 것만으로도 실제 현실처럼 움직이는 전장의 유닛들로 가상의 전투를 벌일 수 있게 된 것이다.

≡ 전략 게임 등에서 이동과 공격 등을 수행하는 최소의 단위. 스타크래프트의 마린(해병) 1기, 리그 오브 레전드의 챔피언 하나 또는 미니언 하나 등을 가리킨다.

이를 바탕으로 스타크래프트를 비롯한 수많은 컴퓨터 게임은 기존의 미디어와는 다른 방식의 스토리텔링을 보여 준다. 여기에서 첫 번째 특성이 나타난다. 바로 이야기의 중심에 플레이어가 직접 들어가 개입해야 한다는 점이다. 기존의 미디어들은 이미 벌어진 이야기를 정리하여 다룬다. 그런데 컴퓨터 게임에서 이야기를 받아들이는 수용자는 직접 이야기의 주인공이 되어 스스로 움직이고 선택해야 한다. 이 점은 결코 작은 차이가 아니다. 기존의 서사가 '남의 이야기'였다면, 게임에서의 서사는 이제 '나의 이야기'가 되기 때문이다.

텔레비전에서 뉴스로 접하는 전쟁은 결국 남의 이야기이다. 우리는 뉴스를 보며 무고한 이들의 희생에 슬퍼하고 분노하지만, 다른 사람의 이야기라는 점을 알고 있다. 이때 우리가 느끼는 슬픔은 타인에 대한 연민이다. 하지만 난민이 모인 지역에서 벌어지는 학살과 전쟁을 게임이 다룬다면 이야기는 연민에서 공감으로 넘어온다. 게임에 참여한 플레이어에게는 게임 안에서 벌어지는 일이 나의 일이 되기 때문이다. 이런 특성 때문에 게임은 새로운 미디어로서 기능하게 된다. 게임 스토리텔링이 플레이어들에게 깊게 파고드는 이유가 여기에 있다.

게임 미디어의 중요한 두 번째 특징은 상호작용성이다. 우리는 책을 읽을 때 행간을 읽으라는 말을 자주 듣는다. 단순히 문자를 읽는 게 아니라, 지은이의 의도와 맥락을 파악하며 읽어야 의미를 이해할 수 있다는 뜻이다. 그런데 게임은 그 의도를 이해하지 못하면 아예 수행할 수 없는 구조를 가진다. 여러분이 많이 즐기는 게임 '리그 오브 레전드'도 마찬가지이다. 나와 맞라인에 선 상대(적) 캐릭터가 가진 스킬만 이해해서는 라인전≡에서 승리할 수 없다. 어느 타이밍에 집에 가는지, 라인에 보이지 않으면 와드ward≡를 박으러 간 것인지, 아니면 다른 라인으로 갱킹gangking≡을 들어간 것인지 의도를 파악해야 한다. 그러려면 단순히 텍스트를 이해하는 것을 넘어서야 한다. 게임의 의미는 상대와의 상호작용을 통해 끊임없이 생각하고 움직이며 의미를 해석하고, 또 스스로 의미를 만드는 상호작용성에서 생기는 것이다.

소설에서는 시간의 흐름을 따라 주인공과 등장인물의 의지로 이야기를 끌어 나간다. 반면 게임은 플레이어가 직접 사건에 참여해야만 이야기가 움직이는 구조를 가진다. 이 때문에 플레이어는 소설의 독자보다 더 많이 이야기에 끼어들게 되며 동시에 스스로 이야기를 창조하는 듯한 느낌까지 얻는다. 즉, 게임을 통해 새로운 효과를 만들 수 있다. 이것이 게임이 지닌 세 번째 특징이다.

직접 이야기를 만드는 과정이 중심이 되는 게임도 존재한다. '마인

≡ 리그 오브 레전드에는 총 3개의 공격로가 있고, 챔피언이 강해지기 전에는 경치를 얻기 위해 각 라인에서 적 미니언을 처치하며 머무르는데 이 단계에서의 대치를 라인전이라 부른다.

≡ 와드는 전략 게임에서 특정 지역을 감시하는데 사용하는 설치형 도구. 지역의 시야를 밝혀 줌으로써 게임의 승패를 좌우할 수 있는 핵심 수단이다.

≡ 갱킹은 레벨이나 유저 수 등 유리한 위치에서 상대를 공격하는 것을 의미한다. 리그 오브 레전드의 경우, 3개의 공격로에서 대치할 때 한쪽 라인을 지키던 챔피언이 다른 라인으로 슬그머니 옮겨서 협공으로 상대 라인의 챔피언을 사망시키는 작업을 말한다.

크래프트Minecraft'가 대표적인 사례다. 그래픽은 단순하지만 자유도가 굉장히 높은 게임이다. 처음에는 땅을 파거나 나무를 캐고, 사냥하는 등 게임에 대해 알아 가는 과정을 거친다. 그러고 나면 건물을 지을 수도 있고, 커다란 광산을 만들거나 농장 주인이 되는 것도 가능하다. 게다가 긴장감 넘치는 생존 게임을 즐길 수도 있다. 자신만의 이야기를 펼쳐 가는 게임 과정 자체가 이미 하나의 창작물이다. 마인크래프트를 플레이하는 장면을 보여 주는 인터넷 방송들이 높은 인기를 얻는 이유이기도 하다. 결국 게임을 플레이하는 것은 '절반의 창조'를 품은 행위이다.

게임을 통해 세상을 읽을 수 있을까

게임은 현대 기술을 통해 새로운 이야기를 전에 없던 방식으로 다루므로 고전 미디어와는 다른 미디어다. 그러나 미디어라는 본질적인 측면에서는 고전 미디어와 비슷한 점이 더 많다. 결국 게임도 사람과 사회를 다루기 때문이다. 의도적으로 때로는 의도하지 않아도 자연스럽게 현실 세계를 그려 낸다. 문학작품이 사람과 사회의 모습을 반영하는 것처럼 말이다.

롤 게임에서 가장 많이 볼 수 있는 것은 끝없는 욕설과 비아냥, 트롤(의도적으로 정상적인 게임 플레이를 망치는 사람)이다. 그러면 사람들은 게임을 하다 기분이 나빠서 욕하는 것일까? 롤에서는 팀을 이뤄 게임하지만 점수는 팀이 아닌 개인이 챙겨야 하는 경쟁 중심 체계를 가진다. 자신의 점수, 자신의 승리를 본인이 아니라 남이 좌지우지하는 상황이 욕설과 트롤을 부른다. 어딘가 익숙한 모습이 아닌가. 바

로 스펙과 시험 점수로 평가받는 우리 사회와 닮아 있다. 다만 현실에서 마구 욕했다가는 부모님과 선생님께 혼날 뿐이다. 게임을 하면서 마음속에 쌓인 현실에 대한 답답함이 터지는 것이다.

의도하지 않아도 현실을 반영한 게임이 롤이라면, 의도적으로 현실을 그린 게임도 많이 있다. '시리어스 게임serious game', 즉 기능성 게임은 게임의 미디어성을 활용해 현실을 폭로하고 비판한다. '디스 워 오브 마인(나만의 전쟁)'은 동유럽에서 벌어진 내전 상황 한가운데에 놓인 민간인의 삶을 다룬다. 부서진 건물 안에서 닥쳐오는 추위를 견디며 모자란 식량으로 휴전까지 살아남아야 하는 게임이다. 이 게임은 플레이어에게 윤리적 선택을 끊임없이 묻는다.

예를 들어 보자. 플레이어의 은신처에 식량이 떨어져 옆 폐허를 수색하러 간다. 냉장고에 통조림이 많아서 가져오려고 하는데, 한 할아버지가 나타나 그걸 가져가면 자기 부부가 굶어 죽는다며 하소연한다. 영화나 소설이라면 이 상황에서 주인공의 선택을 지켜보기만 하면 된다. 그런데 이 게임에서는 플레이어가 직접 선택해야 하기 때문에 깊이 빠져들 수밖에 없다. 엄청난 위기 상황을 설정하고 플레이어에게 어떤 선택을 할지 묻는 것이다. 그럼으로써 인간의 존엄성을 어떻게 지켜야 하는지 새로운 질문을 던진다.

이처럼 게임은 어떤 식으로든 우리가 살아가는 현실 세계를 반영하여 만들어진다. 더군다나 세계가 디지털 중심으로 재구성되면서 현실과 비슷한 점이 더욱더 많아지고 있다. 〈크라임씬〉(JTBC) 같은 게임 형식의 방송 프로그램이 등장하고, '방 탈출 카페'와 같이 게임에서나 보던 것이 현실에 나타난다. 이런 예들은 게임이 사회화하고, 사회가 게임화하면서 서로 닮아 가는 과정을 보여 준다.

놀이는 즐기고, 해석은 충실하게

게임을 플레이하고 읽는 것은 디지털화한 사회를 읽는 것과 같다. 따라서 게임은 좀 더 비판적인 접근을 통해 이해해야 한다. 가상 세계를 다루는 게임은 새로운 기술이나 개념이 현실보다 먼저 등장하곤 한다. 현실에서보다 만들어 내기 쉽기 때문이다. 여러분도 '가상현실 Virtual Reality, VR'에 대해 들어 보았을 것이다. 우리가 가상현실을 통해 새롭게 얻을 수 있는 경제적, 사회적 가능성은 게임에서 가장 먼저 현실화되고 있다. 결국 게임을 살펴보면 다가올 가상현실 중심의 사회를 더 쉽고 빠르게 이해할 수 있다.

또한 게임에 대한 비판적 접근은 사회의 문제점을 알 수 있는 많은 단서를 제공한다. 한창 붐을 일으키고 있는 모바일 네트워크 게임은 자동사냥, 과도한 현금 아이템 등으로 많은 비판을 받고 있음에도 높은 수익을 올리고 있다. 돈으로 레벨과 경험치를 사는 것은 물질만능주의를 보여 준다. 이를 통해 남보다 높은 지위를 누림으로써 얻는 쾌감은 1등부터 꼴찌까지 순위를 정하는 것에 익숙한 우리 모습을 반영한다.

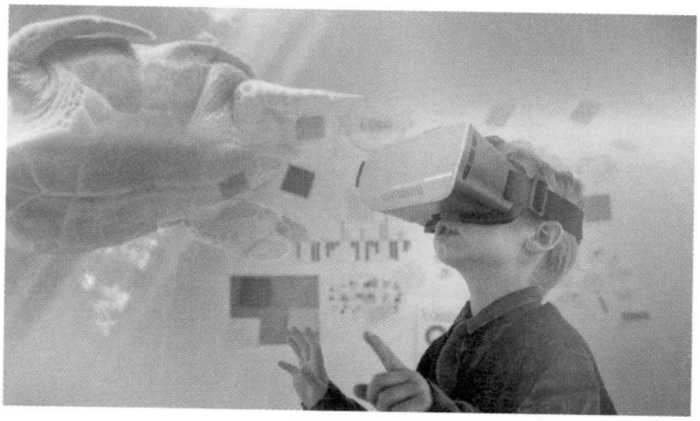

교과서에서 문학작품을 읽고 비평하며 분석하듯이, 게임 역시 게임이 가진 사회성에 대한 비판을 필요로 한다. 그리고 이러한 게임의 미디어성은 시대가 흐를수록 더욱 중요해질 것이다. 디지털 네트워크 사회로 나아가는 우리 사회의 현상을 읽고 해석할 수 있는 힘은 게임을 비판적으로 바라보는 데서 시작된다. 물론 놀이로서의 본질 또한 잊어서는 안 될 게임의 가치이다. 여러분이 비판과 놀이를 동시에 할 줄 안다면 세상을 이해하는 즐겁고도 새로운 방식의 공부가 될 것이다.

더 생각해보기

1. 친구들과 함께 게임에 대해 이야기 나누는 시간은 얼마나 될까? 영화나 만화 등 다른 미디어와 비교한다면 여러분의 일상에서 게임이 차지하는 비중은 얼마나 될지 생각해 보자.

2. 재미를 위한 게임이 아닌 메시지를 담은 게임을 플레이해 본 경험을 함께 이야기해 보자.

슬기로운 미디어생활

4

야무지고 똑똑한 미디어생활

; 미디어 리터러시

1

숨어 있는 메시지, 재현

정현선

:: 미디어 속 세상은 현실과 같을까 혹은 다를까?

등교 전에 SNS 프로필을 바꾸는 게 좋겠지? 새 친구들을 사귀면 새로운 단톡방도 만들게 될 테니까. 그동안 찍었던 셀카 중에 괜찮은 게 있어야 하는데. 흠, 왜 이렇게 마음에 드는 사진이 없는 걸까? 입학식 때 찍은 사진들은 잔뜩 긴장해서인지, 내 얼굴이 아닌 것처럼 느껴져. 그래도 어색하기로는 졸업 사진만 한 것도 없지. 휴대전화 앨범을 봐도 항상 실물보다 훨씬 못 나온 것 같은 느낌이 든단 말이야. 에잇, 차라리 지금 한 장 찍는 게 낫겠다! 나에게는 얼굴을 보정해 주는 최신 필터앱이 있으니까^^

실제와 달라 보이는 나

스마트폰은 많은 것을 바꾸었다. 특히 디지털 카메라 기능이 있는 스마트폰은 누구나 사진사로 만들어 준다. 찍힌 모습이 마음에 들 때까지 여러 대상을 몇 번이라도 다시 찍을 수 있기 때문이다. 그래도 여러분이 생각하는 자신의 모습과 딱 맞아떨어지는 사진을 찍기란 쉽지 않다. 실제의 나를 찍은 것은 분명한데, 어쩐지 내가 생각하는 나의 모습과는 거리가 느껴진다.

이처럼 사진에 담긴 이미지에 종종 불만이 생기곤 한다. 사진이 나를 특정한 이미지로 담을 때, 다양한 요소들이 영향을 주기 때문이다. 이를 테면 사진을 찍을 때 입은 옷이나 머리 모양, 시간대에 따른 태양광의 각도와 조명의 종류, 사진을 찍던 상황과 당시 기분 등이 모두 사진에 영향을 미치는 요소다. 이것뿐일까? 사진을 찍는 사람이 누구인지, 그 사람이 생각하기에 가장 나다운 모습은 무엇인지 역시

사진을 결정짓는 중요한 사항이다. 이런 여러 요소들이 작용해 어떤 사진에 담긴 나는 당당하고 자신감에 차 보이는 이미지를 가진 데 비해, 다른 사진 속의 나는 차갑거나 피곤해 보이는 이미지를 가진다.

숨어 있는 메시지, 재현

사진과 같은 미디어들은 자신을 특정한 이미지로 대신 드러낸다. 그러나 실제 자신의 일부분만 보여 주거나 심지어 전혀 다른 모습을 담아낼 때가 많다. 이런 일이 개인적인 사진을 찍을 때 나타난다면 크게 문제되지 않을 것이다. 중요한 문제는 신문이나 잡지, 혹은 텔레비전이나 인터넷과 같은 미디어에 실리는 사진이나 영상물의 이미지에서 생긴다. 이런 이미지는 대개 특정한 사건이 일어났을 때 진술이나 보도와 관련되어 나타난다. 그리고 대상을 있는 그대로 보여 주기보다 사회를 지배하는 가치나 관점, 혹은 미디어 생산자들의 이해관계에 따라 왜곡될 수 있다.

말과 글뿐만 아니라 사진과 그림, 음악, 춤, 라디오, 텔레비전, 신문, 인터넷 등은 사람과 사람 사이의 소통을 이어 주는 다리이다. 이렇게 의사소통을 위한 매개물, 즉 관계를 맺어 주는 물건을 넓은 의미의 '미디어media'라고 한다. 그리고 대중매체라고 부르는 '매스 미디어mass media'는 특별히 정하지 않은 대중에게 많은 정보를 제공하는 신문, 라디오, 텔레비전과 같은 미디어 그리고 미디어에서 만든 문화상품을 함께 뜻한다. 이런 미디어는 우리의 현실을 재현한다.

그렇다면 재현(再現, representation)은 무슨 뜻일까? 한자와 영어의 뜻을 풀이하면 '다시(再, re-) 나타남' 혹은 '나타냄(現, presentation)'이다. 미디어는 사진, 텔레비전, 신문과 같은 다양한 방식을 통해 우리가 사는 세상의 모습을 드러내 보인다. 어린이, 노인, 여성, 노동자, 특정 지역 주민, 외국인 노동자가 신문이나 텔레비전에서 어떤 이미지로 '재현'되는가 하는 문제는 개인적인 취향에 한정된 것이 아니다. 미디어가 재현하는 사람들의 모습은 신문 독자, 텔레비전 시청자와 같은 수용자가 특정한 의미를 만들어 가는 사회적 과정이다. 더 구체적으로 미디어에 재현되는 모습을 통해 문제점을 살펴보자.

영화 〈세계화 시대의 진화〉(김지현 감독, 2016)에는 취업을 준비하는 한국인 여성과 결혼하러 한국에 온 베트남 여성이 등장한다. 이들은 각각 취업을 위해 영어를 배우고, 외국인과 연애까지 하는 젊은 여성과 취업이나 결혼 때문에 한국으로 온 외국인을 나타낸다. 그리고 영화에서는 그러한 여성들을 부정적으로 바라보고 무시하는 따가운 시선도 함께 보여 준다.

사진 1과 사진 2는 공익 광고 〈다양한 가족—그런 사연 없어요〉(2017)의 일부이다. 사진 1과 같이 외국인 여성이 찡그린 표정을 보여 주며 "불편할 거라 생각 말아요."라는 노래가 나온다. 곧이어 사진 2와 같이 외국인 여성이 가족과 화목하게 지내는 장면 위로 "그런 사연 없어요."라며 노래가 흐른다. 우리는 경제 발전

사진 1

사진 2

이 덜된 나라에서 온 외국인 여성은 대부분 불행하게 살 것이라고 생각한다. 이런 편견은 사실 우리와 그들을 구분 짓는 태도에서 비롯된 것이다. 이 광고는 한부모 가족, 다문화 가족, 조손 가족 등 다양한 가족의 모습을 존중해야 한다고 호소한다.

이렇게 영화와 광고 속 이미지들은 외국인 여성을 우리가 어떻게 받아들였는지, 어떻게 받아들여야 하는지에 대한 메시지를 담고 있다. 따라서 우리는 미디어가 재현하는 인물들의 이미지가 특정한 성gender, 연령, 직업, 계층, 민족, 인종 등에 따라 어떤 식으로 달라지는지 주의를 기울여야 한다. 미디어에서 우리 사회의 지배적 가치나 관점을 반영하는 방식, 혹은 이에 도전하는 방식에 대해 비판적으로 꼼꼼히 읽어 낼 필요가 있다.

재현의 문제는 반드시 특정 집단에 속한 인물들의 이미지를 만드는 데서만 생기지 않는다. 뉴스나 다큐멘터리 같은 '사실적' 미디어나 텔레비전 드라마와 같은 '허구적' 미디어에서 일정한 사건을 가지고 이야기를 구성하는 방식에도 적용된다. 여러분이 학교에서 하루 동안 일어난 사건들을 결석한 친구에게 이야기한다고 해 보자. 등교한 순간부터 수업이 시작되고 끝나는 모든 시간, 친구들의 수다와 책장 넘기는 소리 등 온갖 일을 낱낱이 묘사하는 사람은 아마 찾기 어려울 것이다. 친구가 관심 가질 만한 사실을 말하는 이의 '관점'으로 정리해서 전달하게 마련이다. 시간도 기껏해야 5~10분 혹은 그보다 짧지 않을까? 말하는 이가 중요하다고 생각하는 사건을 중심으로 정보를 선택하고 잘라서 재구성하는 '편집'의 과정을 거칠 것이 분명하다.

그렇다면 이렇게 말하는 이의 관점에 의해 편집된 사건들을 어떻게 전달할까? 친구네 집을 직접 찾아가 얼굴을 맞대고 이야기를 전

달할까, 전화로 이야기할까? 아니면 인터넷 메신저나 이메일로 휴대 전화로 교실 풍경을 찍은 사진을 보여 주며 재현할까? 결국 미디어의 '차이'에 따라 문자, 음성, 이미지와 동영상, 음악 등 다양한 언어 기호들이 사용될 것이다. 여러분이 어떤 미디어를 선택했느냐에 따라 재현 방식도 조금씩 달라진다.

매스 미디어에 따라 달라지는 재현 방법

뉴스에서 사회적 사건을 보도할 때, 텔레비전 드라마나 영화에서 사건을 구성하여 이야기를 만들어 낼 때에도 비슷한 과정이 반복된다. 뉴스의 전달자는 기사를 직접 쓰는 기자와 기사의 우선순위와 보도 비중을 결정하는 편집진이다. 그리고 드라마와 영화, 코미디 같은 장르에서는 배우나 감독이 전달자가 된다. 이때 미디어를 움직이는 정치적, 사회적, 경제적 이해관계가 어떠한지, 대상에 어떤 가치를 부여하는지 등이 사건의 재현에 영향을 미치게 된다.

재현된 사건을 전달받는 사람은 미디어의 갈래에 따라 독자, 시청자, 관객, 네티즌이 될 수 있다. 정치적인 성향에 따라 진보적 수용자층과 보수적 수용자층으로 나눌 수 있으며, 세대나 성별, 계층에 따라서도 대상을 나눌 수 있다. 그래서 특정 사건의 재현은 전달자가 지닌 사건에 대한 관점, 전달하는 시간의 길이, 이야기를 전달받는 사람과의 관계, 전달 미디어에 따른 표현 방식의 차이에 따라 각기 다르게 재현된다. 이런 특징을 생각하며 기억해야 할 점이 있다.

기억할 것 하나: 고정관념 바로 보기

미디어가 재현하는 방식을 비판적으로 보려면 우선 타당성을 따지는 태도가 필요하다. 즉, 특정한 이미지 때문에 생긴 고정관념을 자신이나 주변 사람들의 경험, 다양한 미디어에서 얻을 수 있는 여러 가지 정보와 비교해 보는 것이다. 미디어에서 재현되는 인물의 이미지나 사건에는 고정관념이 작용한다. 하나는 특정한 성, 직업, 계층, 연령, 신체적 특징, 인종 등에 대한 고정관념이다. 다른 하나는 사랑, 전쟁, 정치 등 사회적 관념에 대한 고정관념이다. 우리가 살고 있는 사회가 우리에게 제시한 것으로 사회의 지배적 가치를 반영하는 경우가 많다.

좀 더 쉽게 예를 들어 보자. 우리는 청소년, 전문직 여성, 장애인, 백인, 흑인, 일본인, 의사, 검사 등에 대해 고정관념을 가지고 있다. '청소년은 미성숙하다, 장애인은 불쌍하다, 흑인은 범죄자가 많다'와 같이 부정적인 편견이 대부분이다. 하지만 고정관념 자체가 반드시 부정적인 이미지로 가득한 것은 아니다. 긍정적인 고정관념도 있다.

'어머니' 하면 모성애를 가진 자상함을 떠올리고, '백인'은 문명의 발달과 연관되는 것처럼 말이다.

사실 우리의 문화적 소통은 대부분 이러한 고정관념에 기대고 있다. 예능 프로그램에 등장하는 외국인이 인기를 끄는 이유는 그들이 우리 사회를 잘 모를 것이라는 고정관념을 무너뜨리기 때문이 아닐까. 또 만화, 드라마, 광고, 영화 등에서 나오는 유머는 우리의 고정관념을 이용하거나 깨 나가면서 웃음을 주고 있다.

기억할 것 둘: 변화하는 재현

미디어 중에서 특히 광고가 우리의 고정관념을 강력하게 만든다는 비판도 있다. 하지만 실제로 광고는 변화하는 사회상을 반영하는 경우가 많다. 한편으로는 잘못된 고정관념을 변화시켜야 한다고 주장하기도 한다. 한동안 광고가 여성의 성 역할에 대한 고정관념을 퍼뜨린다는 비판이 많았다. 집안일 잘하는 주부, 내조에 충실한 아내 등으로만 그린다는 것이다. 요즘은 조금씩 변하고 있다. 이전 아파트 광고가 주로 부모와 자식이 정답게 지내는 화목한 가정을 보여 주었다면, 최근 부동산 어플리케이션 광고에는 1인 가구로써 혼자 사는 젊은 여성이 등장한다. 그런가 하면 남성 연예인이 전기밥솥 광고를 하고, 세계적인 여성 운동선수들이 스포츠 브랜드 광고에 등장하는 것처럼 고정적인 성 역할이 깨지고 있는 것을

확인할 수 있다. 이것은 광고가 변화된 사회상을 반영하는 예다.

요즘에는 여성에 대한 재현 역시 변하고 있다. 지금까지 드라마나 영화에서는 주로 예쁜 외모를 가진 착하고 수줍음이 많은 여성, 남성에게는 헌신적이나 자기 일에는 소극적인 여성을 주인공으로 내세웠다. 그러나 이제는 범인과의 몸싸움에서도 밀리지 않는 경찰이나 형사, 거침없이 사건을 해결하는 검사나 변호사로 등장하는 여주인공을 종종 볼 수 있다. 이처럼 미디어도 점차 특정 집단에 대한 전통적 모습을 재현하는 데서 나아가 새로운 이미지를 보여 주고 있다. 늘 새로운 이미지와 이야기를 찾아 나서는 것이야말로 바로 미디어의 특징임을 증명하고 있다.

신인류를 위하여

우리 역시 미디어가 구성한 이미지와 이야기를 받아들이는 데 아주 익숙해져 있다. 이런 상황에서 현대인들이 미디어를 얼마나 창의적, 주체적으로 받아들일 수 있을까? 미디어가 일방적으로 전달하는 '재현'을 무작정 소비하고 받아들이기만 한다면, 가르쳐 준 말만 되뇌는 앵무새와 다를 게 없을 것이다.

다행히 우리도 인터넷과 같은 디지털 미디어에 힘입어 미디어 생산에 폭넓게 참여하게 되었다. 방송사 홈페이지에 의견을 올려서 드라마의 결말을 바꾸기도 하고, 디지털 미디어를 이용하여 자기 자신을 적극적으로 표현할 뿐만 아니라 사회 문제를 고발하기도 한다. 그뿐인가! SNS를 통해 기존 미디어가 독차지했던 정보의 생산과 유통에도 참여하고 있다. 이제는 수동적으로 받아들이기를 거부하고, 문화의 생산과 유통에 참여함으로써 생산자producer이자 소비자consumer, 즉 생비자prosumer로서 활약할 수 있게 된 것이다.

그래서 '재현'의 개념을 통해 미디어를 이해하는 것이 더욱 중요하다. 우리에게 익숙한 이미지와 이야기 구성 방식에 대해 비판적 거리를 두면서 낯설게 볼 수 있는 힘을 주기 때문이다. 또한 미디어에 나타난 인물이나 사건들이 어떤 문법에 의해 재현되는지 영상 언어의 '문법'도 이해할 수 있어야 한다. 예를 들어 화면 속 인물이나 해설자의 목소리와 같은 음성 언어, 자막이나 캡션과 같은 문자 언어, 그리고 카메라의 각도와 거리 같은 시각 언어가 하는 역할과 의미에 대해 생각해 보아야 한다. 뿐만 아니라 효과음이나 배경음악과 같은 청각 언어가 특정 인물과 그의 행위, 특정 사건을 어떻게 재현하는가, 어떻게 편집되었는가, 누가 누구를 인터뷰하였나와 같은 질문을 던지고 답할 수 있어야 한다. 이러한 힘을 통해 여러분은 주체적이고 개별적인 미디어 생비자 혹은 문화 생비자가 될 수 있다. 또 그렇게 되어야 할 것이다. 왜냐하면 여러분이야말로 미디어 혁명 이후를 살아갈 신인류이기 때문이다.

더 생각해보기

1. 미디어에 나타난 세상과 우리가 살고 있는 현실이 서로 다르게 느껴졌던 경험이 있는지 생각해 보자.

2. 광고, 드라마, 영화에 자주 등장하는 직업이나 계층을 열거해 보고, 그 직업이나 계층에 대해 우리가 갖고 있는 고정관념은 무엇인지 생각해 보자.

2

나와 세상의 연결고리, 인터넷

홍완선

∴ 인터넷은 어떤 특성이 있으며, 어떻게 사용해야 지혜로울까?

모든 게 멈췄다. 분명 불같은 성격의 엄마가 그랬을 것이다. 며칠 전, 엄마가 "또 스마트폰이야. 시험이 다음 주라며 공부 좀 해!" 잔소리하던 게 불안했다. 바로 다음 날부터 우리 집 인터넷이 먹통이다. 기어코 인터넷을 끊은 거다. 이번 달 휴대전화 데이터도 다 썼는데 막막하다. 이제 사전 앱은 어떻게 쓰고, 수업 시간 필기는 친구들과 SNS로 공유하고 있는데 어쩌지ㅠㅠ 게다가 마지막 수행평가를 하려면 인터넷 자료 조사도 해야 하는데……. 아빠는 IPTV로 즐기던 야구 경기 시청을 못해 안절부절못한다. 엄마, 제발 인터넷 좀 연결해 주세요.

일상에 뿌리내린 인터넷

당장 인터넷을 쓰지 못하는 삶을 상상해 보라. 여러분이 오늘부터 온갖 뉴스, 동영상과 자료, SNS를 볼 수도 사용할 수도 없다면 견딜 수 있을까? 인터넷은 언제부터 우리의 일상을 지배하다시피 하게 된 걸까? 인터넷은 디지털로 정보를 교환할 수 있게 하는 거대한 통신망을 말한다. 미래창조과학부(현 과학기술정보통신부) 조사에 따르면, 2015년을 기준으로 우리나라 초고속 인터넷 가입자 수는 2,000만 명을 넘어섰다. 100명당 약 40여 명이 초고속 인터넷을 사용하는 것이다. 미래창조과학부와 한국인터넷진흥원에서 실시한 '2016 인터넷 이용 실태 조사'에서는 인터넷 이용자의 48.8%가 주당 평균 14시간 이상 인터넷을 사용한다고 답했다. 이렇다 보니 전파로 전달되던 텔레비전 방송도 점차 IPTV Internet Protocol Television, 즉 인터넷을 이용하

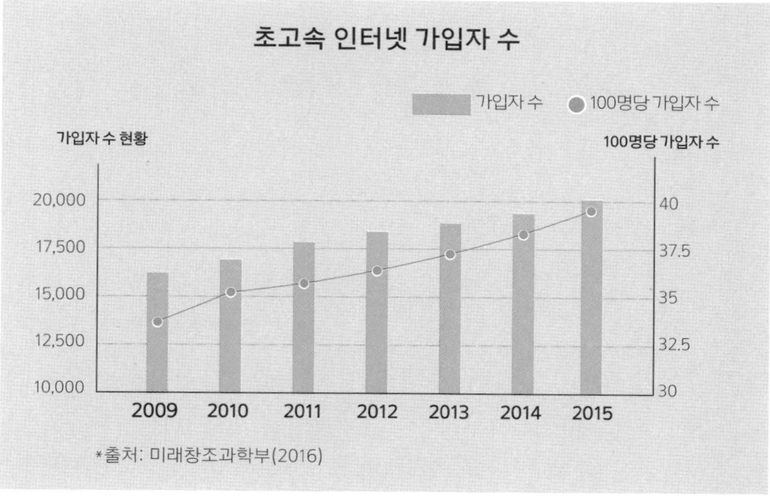

*출처: 미래창조과학부(2016)

는 텔레비전으로 바뀌고 있다.

그런데 사람들은 왜 비용을 내면서까지 인터넷을 사용할까? 인터넷 이용자의 91.6%는 의사소통을 위해 인터넷을 이용한다고 답했다. 그다음 자료 및 정보를 얻기 위해서, 여가 활동의 한 종류로 인터넷을 이용한다는 답변이 각각 89. 1%였다(중복 답변). 전화나 텔레비전, 라디오와 같은 기존 미디어들은 의사소통을 하고 정보를 얻는 데 도움을 줄 수 없었을까? 물론 그렇지는 않을 것이다. 다만 1994년 무렵 혜성처럼 등장한 인터넷의 특성이 기존의 미디어들을 능가했으리라는 것은 쉽게 짐작할 수 있다.

여기에서 우리가 함께 풀고자 하는 질문이 생긴다. 첫째, 인터넷은 과연 어떤 특성을 지니고 있을까? 둘째, 인터넷은 어떤 방향으로 나아가고 있으며 우리가 가져야 할 태도는 무엇일까? 셋째, 인터넷은 공동체의 발전에 어떠한 역할을 할 수 있을까? 인터넷의 여섯 가지 특징을 살펴보면 질문에 대한 해답을 찾을 수 있을 것이다.

여섯 가지 열쇳말로 인터넷 뜯어보기

하나, 디지털: 정보가 공유되는 방법

우선 인터넷 미디어가 지닌 정보의 특성을 이해해야 한다. 그러려면 아날로그와 디지털의 뜻을 알아야 한다. 종이컵 전화기로 이야기하거나 복사기로 그림을 복사하는 일은 아날로그analog에 속한다. 종이컵 전화기의 줄이 길면 길수록 말소리가 약해지고, 복사를 거듭한 그림은 결국 원본에서 멀어진다. 이것은 물질을 바탕으로 하는 아날로그의 특성이자 한계이다.

그래서 오늘날에는 다양한 미디어를 디지털digital 방식으로 생산하고 전파한다. 디지털을 선호하는 가장 큰 이유는 디지털 세상에서는 원본과 복사본이 같기 때문이다. 디지털은 '0과 1'이라는 신호의 조합만으로 정보를 전달한다. 0과 1의 중간은 존재하지 않는다. 디지털 방식으로 만든 음악 파일이나 사진 파일을 여러 번 복사해 사람들과 나누어도, 음질이나 화질이 그대로인 것은 이 때문이다.

이렇게 디지털화된 정보들이 모이고 쌓여서 생산, 유통, 소비되고 있는 곳이 인터넷 공간이다. 인터넷 정보는 모두 디지털 자료이기 때문에 인터넷 이용자들은 원본을 쉽게 공유할 수 있다. 더 나아가 이를 바탕으로 누구나 정보를 생산, 편집, 유통시킬 수 있는 자유도 만끽할 수 있게 되었다.

둘, 멀티미디어: 문자, 이미지, 소리의 복합

인터넷은 즐겁다. 제아무리 신문 읽기를 싫어하는 사람이라도 포털 사이트 뉴스는 쉽게 클릭해서 읽는다. 사진과 동영상을 덧붙인 기사는 사건을 더 생생하게 확인시켜 주기 때문일 것이다. 인터넷은 디지털 기반 미디어이기 때문에, 디지털화된 멀티미디어≡ 정보를 담는 데도 더할 나위 없이 훌륭하다.

≡ 'multi'와 'media'가 합쳐진 말이다. 이미지, 동영상, 음성과 문자 언어 등의 미디어가 컴퓨터를 통해 총체적으로 정보를 전달하는 내용 혹은 그런 기술을 의미한다.

인터넷을 만난 컴퓨터와 휴대전화는 전화기도 되고, 신문도 되고, 텔레비전도 되는 세상이다. 그러다 보니 우리가 정보를 읽고 쓰는 방식도 바뀌고 있다. 말과 글, 특히 문자가 중심이었던 과거와 달리 문자와 이미지, 소리가 복합적으로 활용되므로 이에 맞는 읽기와 쓰기 방식이 요구된다. 실제로 블로그와 같은 인터넷상의 글은 과거의 글과 다른 특징을 지니게 되었다. 여행 블로그를 보면 쉽게 알 수 있다. 꽤 많은 콘텐츠들에서 이미지가 문자보다 훨씬 많이 사용된다. 이미지를 중심으로 중심 화제나 경험한 내용을 전달하고, 자신의 생각이나 느낌을 글로 덧붙이게 된 것이다.

셋, 하이퍼링크: 연결과 연결로 이어지는 세상

인터넷 정보가 지닌 또 다른 특성은 하이퍼링크이다. 하이퍼링크란 웹브라우저에 나타난 글이나 이미지 등을 클릭했을 때, 그것과 관계

있는 다른 곳으로 연결되는 것을 말한다. 책이나 영화 같은 미디어는 '처음-중간-끝'과 같이 정보가 선형적으로 구성되어 있다. 반면에 하이퍼링크로 연결된 인터넷은 거미줄의 한 점이 무수한 다른 점과 연결되어 있듯이 비선형적으로 구성되어 있다. 이러한 비선형성은 인간의 자연스러운 사고 과정과 무척 닮아 있다는 면에서 무궁무진한 가능성을 지닌다.

하이퍼링크로 연결된 정보는 또 다른 정보로 이어지는 개방성도 가진다. 신문, 텔레비전, 라디오 등은 오직 생산자에 의해 완성된 정보만 전달하는 '닫힌 미디어'였다. 그러나 인터넷은 하이퍼링크를 통해 무한히 다른 정보로 이동 가능한 '열린 미디어'이다. 이를 테면, 포털 사이트에 접속하면 우리는 클릭 한 번으로 검색, 쇼핑, 레저, 영화, 뉴스, 만화, 음악 등 다양한 세상으로 들어갈 수 있다. 하이퍼링크로 연결된 정보들 덕분에 인터넷 이용자, 즉 네티즌들은 징검다리를 건너듯 정보와 정보 사이를 보다 쉽게 건너다닐 수 있게 된 것이다.

넷, 쌍방향성: 인터넷의 주인공이 된 네티즌

인터넷 정보의 마지막 특성은 쌍방향성이다. 과거에는 언론사 혹은 전문가들이 여론과 정보를 만들어 냈다. 개개인은 한 사람의 수용자일 뿐이었다. 그런데 인터넷 언론, 웹사이트의 게시글, 웹툰의 댓글을 보면 인터넷이 무수한 사람들로 이루어진 거대한 네트워크임을 확인할 수 있다. 네티즌들의 관심을 끄는 기사는 몇 시간 만에 수천 건이 넘는 다양한 의견이 넘친다. 어떤 댓글들은 기사의 오류를 지적하거나, 기자의 기사 작성 의도를 문제 삼아 기사문의 수정을 이끌어 내기도 한다. 더 나아가 베스트댓글이 해당 기사보다 주목받는 경우도 많다. 과거 한 방향으로만 흐르던 정보가 인터넷을 통해 양방향으로 오고 가게 된 것이다.

이런 특성 때문에 인터넷은 뜨거운 에너지를 발휘할 수 있다. 백과사전을 능가하는 지식의 장도 네티즌들의 질문과 이에 대한 자발적인 답변으로 튼튼해진다. 또한 토론의 장에서는 기존 미디어의 권위를 위협하는 여론이 만들어진다. 그뿐인가. 네티즌들의 적극적인 참여는 광장을 가득 메우는 범국민적 촛불집회나 거리 응원으로 나아가기도 한다. 인터넷이라는 가상 세계를 현실 세계로 이끌어 내고 있는 것이다.

다섯, 웹2.0: 진화하는 인터넷

인터넷은 인간의 손으로 만들어진 네트워크일 뿐이었다. 그런데 오늘날에는 수천만, 수억 명의 접속을 통해 하나의 유기체로 숨을 쉬는 인격적인 존재가 되었다. 생명이 된 이상 인터넷은 진화한다. 현재의 인터넷은 과거의 인터넷과 다르다. 초기의 인터넷은 '웹1.0'이라고 불렸다. 웹1.0은 포털 사이트를 중심으로 한 인터넷 환경을 말한다. 사업자는 자신들이 만든 콘텐츠나 서비스를 이용자에게 제공하였으며, 이용자는 수동적으로 받아들였다.

그런데 위키피디아≡, 유튜브, 네이버 지식iN과 같이 이용자가 적극적으로 참여할 수 있는 플랫폼이 등장하면서 인터넷을 이용하는 환경이 바뀌었다. 웹2.0의 시대가 온 것이다. '개방, 참여, 공유'의 가치가 중요한 시대가 되자 이용자들은 더욱 적극적으로 정보 생산과 유통에 참여했다. 더불어 여럿이 협력하여 얻은

≡ 비영리 단체인 위키미디어재단이 운영하는 참여형 온라인 백과사전이다. 누구나 자유롭게 글을 쓰고 고칠 수 있다. 2001년에 시작되었으며, 한국을 포함해 전 세계 200여 개 언어로 만들어지고 있다.

집단적 능력을 일컫는 집단지성이 빛을 발하게 되었다. 이는 일반 이용자들도 소수 전문가와 기업에만 집중되었던 정보를 스스로 만들고 공유함으로써 권력이 나뉘었다는 점에서 의미 있다.

그러나 인터넷의 진화가 항상 밝은 미래를 보장하지는 않는다. 인터넷 공간에서는 누구나 콘텐츠를 생산할 수 있다 보니 이용자로서 이용할 수 있는 수준을 훨씬 넘어서는 정보들이 넘쳐 난다. 예를 들어 가짜 뉴스가 시민들의 눈과 귀를 가리고, 음란물이나 불법 저작물이 여과 없이 공유되면서 청소년들이 이에 쉽게 노출되기도 한다. 우리 삶의 일부가 되어 버린 인터넷을 현명하게 이용하려면, 자신에게 필요한 정보를 찾아서 효과적으로 이용해야 한다. 자신이 수집한 정보가 어떤 관점에서 어떻게 만들어졌는지, 신뢰할 만한지 등을 따져 보는 비판적인 태도가 필요한 것이다.

여섯, 전자민주주의: 대한민국이 이끄는 인터넷 참여

인터넷은 나와 나, 나와 타인, 그리고 나와 세상을 연결하는 고리라는 점에서 민주주의와 연결해 이야기할 수 있다. 현대인들은 휴대전화와 인터넷을 개인 간의 '소통'에만 사용하는 것이 아니라, 사회적 의제를 제안하고 국가적인 일에 '참여'하는 데에도 적극적으로 활용하고 있기 때문이다.

IT 강국으로 꼽히는 대한민국은 인터넷 민주주의를 구현하고 있는 대표적인 나라 중 하나이다. 2003년 영국 신문 〈가디언〉은 노무현 대통령의 당선 소식을 전하며 "세계 최초의 인터넷 대통령이 로그인했다"는 제목을 달았다. 한국의 인터넷 온라인 모임 '노사모'가 휴대전화와 인터넷으로 노무현 대통령의 당선을 일궈 냈다고 보도했다.[18]

실제로 휴대전화와 인터넷을 통해 소통하며 시민이 뭉치고, 목소리를 내는 현상은 계속되었다. 2016년에는 촛불 혁명을 뒷받침하면서 부당한 권력을 끌어내리기까지 했다. 그 과정에서 사람들은 자신의 정치적 입장에 따라 행동했고, '인증샷'을 찍어서 다른 사람들의 참여를 격려하기도 했으며 SNS로 의견을 공유했다.≡

≡ 과학 칼럼니스트 하워드 라인골드는 현대인을 '스마트몹', 즉 영리한 군중이라고 말했다.[19] 첨단 정보통신 기술을 사용하는 현대인이 "네트워크를 바탕으로 정보를 주고받으면서 사회의 각종 이슈나 사안에 직접 참여해 의견을 제시하고, 자신들의 생각에 맞지 않으면 직접 실력 행사에 나선다"는 것이다. 이러한 의견은 인터넷을 통해 시민이 직접 정치 과정에 참여함으로써 민주주의를 일궈 나간다는 전자민주주의의 개념과 연결된다.

전자민주주의로 나아가기 위한 다양한 실험은 세계 여러 나라에서 진행 중이다. 아르헨티나의 '데모크라시OS(democracyos.org)', 스페인의 '디사이드 마드리드(decide.madrid.es)'가 그 예이다. 데모크라시OS는 온라인 투표 시스템으로, 이를 통해 시민들이 의견을 모으면 의회가 입법에 활용한다. 스페인 마드리드 지방정부는 시민 참여 웹사이트인 디사이드 마드리드를 운영한다. 열

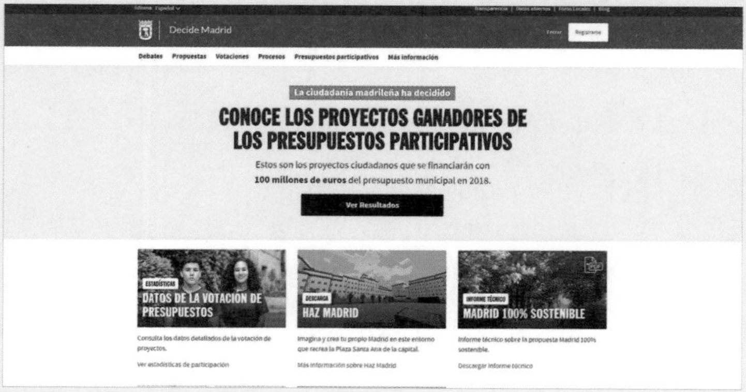

디사이드 마드리드 홈페이지

여섯 살 이상의 마드리드 시민이라면 누구나 정책을 제안하고, 시장 등에게 질의할 수 있다.[20] 물론 인터넷을 통한 시민 다수의 선택과 참여가 항상 올바른 정책 결정을 내리게 할 수는 없다. 사회 구성원 상당수가 전문 지식과 성숙한 의식을 갖추었는지 확신할 수 없기 때문이다. 또 자신의 의견과는 다르게 오로지 다수의 의견을 따르는 군중 심리가 생길 수 있다. 때문에 다수의 판단이 왜곡된 방향으로 흐를 수 있다는 비판 역시 일리 있다.

그렇다고 전자민주주의의 가치를 부정하는 것은 어리석은 일이다. 국민이 선출한 대표가 정치를 대신하는 간접민주제가 최선이라고 볼 수 없기 때문이다. 간접민주제는 국민의 대표자가 국민의 이익보다 자신의 이익을 더 중요시한다거나, 국민의 의사를 실질적으로 대변하지 못하는 경우 문제에 부딪힌다. 이를 보완하려면 공동체의 적극적인 소통과 참여가 필수이다. 바로 인터넷이 이러한 소통 공간을 마련하고 사회 구성원의 참여를 이끌어 내는 데 큰 힘을 발휘할 수 있다. 이런 측면에서 대의민주주의의 한계를 전자민주주의를 통해 극복하려는 노력은 세상을 바꾸는 또 하나의 역사적 도전이 된다.

프로메테우스의 불처럼

현재 많은 학교에서 재학생을 대상으로 인터넷 중독 검사를 실시하고 있다. 적지 않은 학생들이 인터넷 또는 인터넷에 연결된 스마트폰에 중독되었다고 생각하기 때문일 것이다. 실제로 2016년, 통계청과 여성가족부가 발표한 2014년 기준 인터넷 중독 비율은 우려할 만한 수준이다. 중학생의 13.2%, 고등학생의 11.7%가 인터넷 중독으로 나타난 것이다.

상황이 이렇다고 인터넷을 경계하는 것이 최선일까? 아닐 것이다. 단순히 인터넷을 멀리하는 것은 현명하지 않아 보인다. 인터넷은 어떤 미디어보다 쉽고 편리하여 이미 일상에 널리 뿌리내렸다. 이제 인터넷이 없는 현대인의 삶을 상상하는 것은 결코 쉬운 일이 아니다.

결국 이 문명의 도구를 어떻게 다룰지는 각자의 선택에 달려 있다. 그리스로마 신화에서 인간들은 프로메테우스 신으로부터 건네받은 불로 문명을 발전시켰다. 하지만 그 불의 힘으로 전쟁을 일으키기도 했다. 인터넷이라는 새로운 불을 선물 받은 여러분 역시 어떻게 사용할 것인지 반드시 고민해 보아야 한다.

더 생각해보기

1. 여러분이 경험하거나 참여한 인터넷 서비스(포털 사이트, SNS, 카페, 블로그 등) 중 하나를 골라 인터넷의 여섯 가지 특성을 찾아보자. 그리고 특성이 어떻게 적용되며 다른 서비스와 다른 점은 무엇인지 이야기해 보자.

2. 스마트쉼센터(http://www.iapc.or.kr)를 이용하여 '인터넷 중독 자가 진단'에 참여해 보자. 결과를 바탕으로 여러분이 인터넷 사용에서 잘하고 있는 점과 부족한 점, 개선할 점에 대해 말해 보자.

3

어디까지 말하고 어디까지 공유할까, SNS

장은주

:: 우리가 정보를 생산하고 나눌 때 지켜야 할 것은 무엇일까?

고등학교 입학식 전날이라 무척 떨린다. 다행히 친구 두 명과 함께 같은 학교에 가게 되었다. 한 친구의 소개로 벌써 선배와 페북에서 인사를 나누었다. 등교 첫 날, 담임 선생님은 카카오에 단톡방을 만들었다. 얼굴을 맞대고 인사하는 것보다 친구들과 더 편하게 대화할 수 있을 것 같다. 거기에 톡방이나 페메까지 사용하면 친구들과 금방 친해질 수 있겠지? 벌써 처음 만난 반 아이들에게 친구 신청도 많이 받았다. 역시 페친 맺는 게 쉽단 말이야. 페북을 하지 않는 친구들한테는 갠톡으로 말 걸어 봐야지.

SNS, 어디까지 써 봤니

온라인에서 만든 인간관계가 오프라인의 인간관계로 이어지는 세상이다. 그만큼 SNS는 우리 삶에 깊숙이 자리 잡았다. SNS에서는 나이, 성별, 거주 지역, 소비 성향 등을 분석하여 자신과 관련된 상품 광고를 보여 주기도 한다. 그런데 접속하면 접속할수록 편리하기는 하지만 두렵기도 하다.

'사회관계망서비스Social Network Service'는 약칭인 'SNS'로 더 많이 불린다. SNS 서비스는 2000년 이후 폭발적인 성장을 거두었다.≡ 여러분도 한두 개 정도는 SNS를 이용해 보았거나 이용하고 있을 것이다.

≡ 보이드와 엘리슨은 2008년 연구에서 SNS를 "한정된 시스템 내에서의 공개적 또는 조건부 공개적인 프로필 정보를 제공해 다른 사람의 목록을 보여 주고, 시스템 내에서 다른 사람들이 만든 정보를 볼 수 있게 만든 웹 기반 서비스"라고 정의했다.[21]

우리나라에서는 포털 커뮤니티 서비스와 친구

를 찾는 서비스가 등장하면서 SNS가 주목받기 시작했다. 1999년에 '아이러브스쿨'이 개설되었고, 웹2.0 기술이 보급되며 미니홈피 '싸이월드'가 등장했다. 이어서 네이버의 '미투데이', 다음의 '요즘' 등 마이크로 블로그≡가 등장했다. 2000년대 말에는 스마트폰용 메신저가 등장했는데, 이동 중에도 접속 가능한 인터넷 환경이 갖추어지면서 SNS 이용자는 더욱 급증했다.

≡ 한두 문장 정도의 짧은 메시지를 이용하여 여러 사람과 소통할 수 있는 블로그의 한 종류로, 미니블로그라고도 불린다.

SNS는 여러 사람과 손쉽게 관계를 맺게 해 준다. 트위터에서는 '팔로잉following', 페이스북에서는 '친구맺기'를 통해서 관계를 맺는다. 누군가와 관계를 맺으면, 그 관계를 통해 또 다른 사람과도 연결된다. 또한 SNS에는 메시지나 채팅과 같은 의사소통 기능도 있다. 대화할 그룹을 만드는 방법은 매우 간단하고, 그 그룹에서는 개인적인 대화를 활발하게 할 수 있다. 마주 보며 말하지 않기 때문에 직접 말하기 민망하거나 불편한 이야기도 편하게 할 수 있다. 게다가 SNS에서는 음악, 영상 등 각종 미디어도 쉽게 공유한다.

그런데 SNS에는 여러 가지 부작용도 있다. 불법적이거나 유해한 정보, 가짜 정보가 유통되는 등 SNS 관련 범죄도 증가하고 있다.[22] 개인의 명예를 훼손하거나 폭력적인 언어 또는 이미지로 타인에게 불쾌감을 주는 경우도 많다. 무엇보다 심각한 것은 SNS에는 개인정보가 노출된다는 점이다. SNS에 등록하면서 개인정보를 입력하고, 특정 게시물에 '좋아요'[23]와 같은 흔적을 남기면 모두 SNS의 빅데이터로 수집된다.

개인정보, 어떻게 지킬까

세계인권선언 제12조

어느 누구도 자신의 사생활, 가정, 주거 또는 통신에 대하여 함부로 간섭을 받지 않으며, 자신의 명예와 신용에 대하여 공격받지 않는다. 모든 사람은 그러한 간섭과 공격에 대하여 법률의 보호를 받을 권리를 가진다.

SNS를 이용하거나 인터넷 쇼핑몰에서 상품을 살 때도 개인정보는 타인에게 노출된다. 이렇게 노출된 개인정보는 상업적으로 이용되거나 신분이 도용될 위험이 있다. 개인정보가 무분별하게, 좋지 않은 뜻으로 이용되자 2011년 개인정보를 보호하기 위한 법이 제정되었다.

'개인정보보호법'은 당사자의 동의 없이는 개인정보를 수집 및 활용하거나 제3자에게 제공하는 것을 금지하는 법이다. 이때 '개인정보'란 살아 있는 개인에 관한 정보로서 성명, 주민등록번호 및 영상

등을 통하여 개인을 알아볼 수 있는 정보를 말한다. 해당 정보만으로는 특정 개인을 알아볼 수 없더라도 다른 정보와 쉽게 결합하여 알아볼 수 있는 것도 개인정보에 해당한다(개인정보보호법 제2조). 주민등록번호, 전화번호, 성적뿐만 아니라 성격 테스트 결과, 습관, 취미 활동, 도서대출 기록 등도 모두 개인정보의 일종이다. '개인정보보호 종합포털'(www.privacy.go.kr)에서는 개인정보를 위한 온라인 교육, 개인정보 민원 서비스 등을 마련하고 있다.

법으로 제도적인 안전망이 마련되었어도 여전히 개인정보 유출로 인한 문제가 발생하고 있다. 인터넷 이용자 스스로 자신의 개인정보를 지키기 위한 습관을 들여야 한다. 아래는 개인정보보호 종합포털에 올라온 '개인정보 오남용 피해 방지 10계명'이다. 여러분은 인터넷에서 개인정보를 얼마나 잘 지키고 있는지 점검해 보자.

1. 개인정보 처리 방침 및 이용 약관 꼼꼼히 살피기
2. 비밀번호는 문자와 숫자로 8자리 이상
3. 비밀번호는 주기적으로 변경하기
4. 회원 가입은 주민번호 대신 I-PIN 사용
5. 명의 도용 확인 서비스 이용하여 가입 정보 확인
6. 개인정보는 친구에게도 알려 주지 않기
7. P2P(peer to peer) 공유폴더에 개인정보 저장하지 않기
8. PC방에서 금융거래 이용하지 않기
9. 출처가 불명확한 자료는 다운로드 금지
10. 개인정보 침해 신고 적극 활용하기

1인 미디어의 시대, 나도 '크리에이터'

인터넷이 널리 퍼지면서 개인이 방송을 제작하고 공유하는 1인 미디어 시대가 열렸다. 인터넷 방송 열풍이 불기 시작한 것이다. 현재 국내에서 이용하는 인터넷 방송 플랫폼은 아프리카TV, 유튜브, 트위치가 대표적이다. 인터넷 개인 방송 서비스인 '아프리카TV'는 2006년에 출시되었다. 당시에는 영국 프로축구와 국내 프로야구를 중계했다. 2013년에는 별도로 게임 플랫폼을 개설하면서 온라인, 모바일 게임 등 인터넷 기반 서비스를 제공하고 있다. 우리나라에서는 아프리카TV가 가장 대중적이지만, 전 세계적으로는 게임 전용 인터넷 방송 서비스인 트위치가 가장 유명하다.

인터넷 방송을 진행하는 사람을 부르는 명칭은 BJ Broadcasting Jockey, 크루 crew, 하우스메이트 housemate, 크리에이터 creator와 같이 다양하다. 이 중 가장 널리 쓰이는 명칭은 '크리에이터'이다. 자체 제작한 동영상을 유튜브에 정기적으로 게재하고, 일정한 구독자를 확보한 이용자에게 구글이 공식적으로 부여하는 호칭이다. 이제 크리에이터는 하나의 직업으로 자리 잡았다. 크리에이터를 위한 기획사인 다중 채널 네트워크≡도 등장했다. 그리고 인터넷 회사나 게임 회사에서 크리에이터를 채용하기도 한다.[24] 방송의 새로운 흐름을 포착한 지상파 방송국에서는 1인 미디어 형식을 본뜬 〈마이 리틀 텔레비전〉(MBC, 2015~2017)이라는 프로그램을 방영하기도 했다.

≡ 페이스북, 유튜브 등에서 인기가 많은 1인 미디어 창작자들의 기획사. 다중 채널 네트워크는 크리에이터들과 계약을 맺고 콘텐츠를 기획, 유통하면서 저작권을 관리해 준다.

인터넷 방송 창작자인 크리에이터는 본인의 생각과 시청자의 관심과 요구를 중요하게 여긴다. 그래서 시청자와 실시간으로 대화하듯이 소통하면서 공감대를 만들고, 자신의 표현 욕구와 시청자의 참여 욕구를 충족시키려 한다. 게임 '마인크래프트'를 이용한 콘텐츠를 제작하는 크리에이터 '도티'(본명 나희선)는 국내 게임 크리에이터 중 가장 인기 있다. 그는 다음과 같이 이야기했다. "크리에이터로서 영상을 만들어서 플랫폼에 던져 놨으면서, 사람들이 어떻게 반응하는지는 잠깐만 보고 마는 건 안 되죠. 크리에이터로서 콘텐츠를 바라보는 시각과 시청자들이 사용자로서 보는 시각은 많이 다르거든요. 그 중간을 맞추려면 사람들의 반응과 피드백을 유심히 봐야죠."[25]

유명 크리에이터의 인기는 연예인 못지않다. 사람들은 자기가 좋아하는 크리에이터의 콘텐츠를 구독하는 형태로 소비하는데, 콘텐츠 구독이 늘어나자 방송에 대한 수익이 발생했다. 1인 미디어 방송에서는 인기 채널 순위가 집계되고, 콘텐츠에 붙는 광고나 구독자들이

제공하는 아이템을 통해 수익을 거둘 수 있다. 예컨대, 아프리카TV에서는 시청자들이 유료 아이템인 별 풍선을 크리에이터에게 제공하거나 광고 외에 퀵뷰, 스티커 등으로도 수익을 낸다.[26] 그런데 이러한 수익 구조 때문에 시청률에 과도하게 집착하는 크리에이터들이 등장하며 문제가 되기도 했다. 별 풍선에 의지해서 자신이 원하는 방송을 이끌어 가지 못할 것을 우려한 크리에이터 '대도서관'(본명 나동현)은 방송 초창기에 "별 풍선은 쏘지 마세요. 기업 광고로 먹고살 예정입니다."라고 선언하기도 했다.[27]

그러나 일부 인터넷 방송은 표현이 너무나 폭력적이고 선정적이어서 많은 비판을 받았다. 음란하거나 자극적인 장면으로 사람들을 유인하는 방송들이 생겨나는데, 어린이나 청소년들마저도 그런 방송들에 쉽게 접근할 수 있기 때문이다. 특히, 크리에이터들이 사용하는 부적절한 언어를 청소년들이 따라 하는 것 역시 사회적인 문제로 떠올랐다.

인터넷 공간에서는 누구나 언제든지 자유롭게 자신의 생각을 표현할 수 있고, 누구든 손쉽게 정보를 검색하고 공유할 수 있다. 그러나 자유에는 항상 책임이 따르게 마련이다. 그렇다면 우리가 인터넷에서 생각을 표현하고 정보를 나눌 때 반드시 지켜야 할 것들에는 무엇이 있을까?

표현의 자유 VS 혐오 표현 규제

사회 구성원이라면 누구나 자신의 정치적인 의견을 자유롭게 나타낼 수 있어야 한다. 그러나 우리는 표현의 자유를 누리는 만큼 책임도

≡ 여러 사람이 공동의 목적을 이루기 위해 단체를 조직하거나 또는 그렇게 조직된 단체를 말한다.

함께 져야 한다. 표현의 자유란 개인의 세계관과 인생관 등을 자유롭게 표현할 수 있는 권리를 의미한다. 인간의 생각은 말이나 글, 행동, 즉 언론, 출판, 집회, 결사≡의 형태로 나타난다. 이것은 민주주의를 실현하기 위해 반드시 필요한 기본권으로, 우리나라 헌법에서도 보장하고 있다(제21조 제1항). 표현의 자유는 그 자체가 중요한 권리이지만 때로는 인권을 위협하기도 한다.

인터넷에서의 표현은 전통적인 미디어에서보다 개인의 자아실현을 위한 성격이 두드러진다.[28] 즉, 인터넷이 확산되면서 사람들은 자신의 생각을 더 다양한 방식으로 자유롭게 표현할 수 있게 되었다. 또한 인터넷에서 표현의 자유는 학문이나 예술, 정치적 성향, 저항 등 다양한 측면에서의 자유를 포함하며 더 확장될 수도 있다. 그러나 폭력적, 선정적이거나 차별적인 표현이 담긴 콘텐츠들이 생산되고 있으며, 점차 사회 문제가 되어 가고 있다. 일부 콘텐츠 제작자는 엽기적이거나 혐오스러운 장면을 의도적으로 노출하기도 했다. 자극적인 장면이 담긴 콘텐츠뿐만 아니라 인터넷 신문 기사나 SNS 등에 악성댓글을 달거나 패드립(상대방의 부모나 조상을 비방하는 욕설)을 사용하는 것 또한 문제이다. 인터넷에서는 표현의 자유가 보장되는 만큼 특정 집단을 벌레에 비유하는 말, 사회적 약자를 비하하는 말 등 혐오 표현도 자유롭게 유통되고 있다.

악성 댓글과 같은 언어 폭력도 문제다. 실제로 몇몇 연예인이나 청소년이 악성 댓글 때문에 죽음에 이른 사례들도 있다. 그리고 악의적인 내용을 인터넷 공간에 게시하거나 타인을 비방하는 것, 채팅 상황에서 계속적으로 특정인에 대한 명예훼손을 하는 것, 패러디 이미지를 유포하는 것 등은 인터넷 명예훼손에 해당한다.

이러한 혐오 표현이 인터넷상에서 많이 나타나는 이유는 무엇일까? 사이버 공간에서는 자신이 드러나지 않기 때문에 스스로 규제하지 않게 되고, 남을 따돌리거나 거부하는 감정을 보이기 쉽다. 사이버 공간에서는 다양한 의견을 교류하지만, 자신과 다른 의견은 배척하는 일이 벌어지기 때문에 사이버 언어 폭력이 발생한다는 것이다.[29]

헌법에는 "언론 · 출판은 타인의 명예나 권리 또는 공중도덕이나 사회윤리를 침해해서는 아니된다."는 단서 조항이 있다(제21조 제4항). 그러나 혐오 표현을 규제하는 법안을 마련한 미국, 캐나다, 영국, 독일과 달리 현재 우리나라에서 혐오 표현에 대한 법적 처벌은 불가능하다.≡30

≡ 유럽연합은 인종과 종교, 민족과 관련된 특정 집단에 대해 공개적으로 폭력과 증오를 선동할 경우 범죄로 규정하여 처벌하고 있다. 독일은 혐오 표현과 같은 차별적 괴롭힘을 금지하고, 증오를 조장하는 행위에 대해 3개월 이상 5년 이하의 징역에 처하도록 한다.

정부의 일방적인 규제는 인터넷의 다양한 표현 문화를 줄일 수 있다. 그보다는 네티즌 스스로 표현의 자유와 권리를 지키려는 실천이 더 중요하다. 실제로 인터넷 커뮤니티 중에는 자발적으로 게시판 이용 원칙을 정하여 운영하는 경우가 많다. 문제가 생기면 운영진이 즉각 조치를 취하거나 일정 정도의 경고 조치를 한 후 자동으로 아이디를 삭제하기도 한다. 정보의 생산자이자 이용자들이 스스로 정보가 적절한지 판단하고 거르는 자정 작용을 진행해야 표현의 자유도 자리매김할 수 있을 것이다.

정보 공유 VS 저작권 보호

인터넷에서 공유되는 정보와 자료가 많아질수록 저작권에 대한 관심이 높아지고 있다. 반면 이에 따른 갈등과 논란도 커지고 있다.

다음 중 저작권법에 위반되는 상황은 무엇일까?

① 학교 방송부가 점심 시간이나 청소 시간에 유료로 구입한 음악을 교내에서 틀어 주는 것

② 연극 공연을 휴대전화로 촬영하여 개인 블로그에 올리는 것

③ 유명 화가의 작품집을 스캐닝하여 컴퓨터에 저장하는 것

④ 수업 시간에 발표 주제와 관련된 영상을 상영하는 것

위의 예들은 저작권법을 잘 알지 않으면 위반 여부를 판단하기 쉽지 않다. 하나씩 저작권법 위반 여부를 살펴보자. 정상적으로 값을 지불하고 구입한 음악을 교내 방송에서 들려주는 것은 공연에 해당하기 때문에 저작권자의 허락을 받지 않아도 된다. 그리고 수업에 필요한 저작물의 일부를 상영하는 것도 저작권법 위반이 아니다. 화가의 작품집은 저작권법에 의해 보호되지만, 스캐닝한 것을 공책에 붙이거나 파일로 보관하는 정도는 저작권 침해에 해당하지 않는다. 그러나 스캐닝한 파일을 인터넷에 올리거나 상업적으로 이용하면 저작권 침해에 해당한다. 또한 공연장에서 공연 내용을 무단으로 촬영하여 인터넷에 올리는 것도 저작권 침해에 해당된다.

저작물은 사상 또는 감정이 독창적으로 표현된 정신적인 창작물을 말한다. 다른 사람의 것을 베끼지 않고 스스로 창작하거나 독창적으로 표현했다면 어떤 작품이라도 저작물이 될 수 있다. 그런데 2006년 저작권법이 개정되면서 네티즌들은 더 이상 자신의 홈페이지나 블로그에 음악을 올리지 못한다는 사실에 대해서 분노했다. 문화관광부 홈페이지 등에는 인터넷상 음악 이용에 대한 문의가 셀 수도 없이 올라왔다. 당시 문화관광부 담당자들은 "저작자의 허락 없이 인터넷 공간에서 저작물을 이용하는 것은 대부분 불법이다."라고 설명했다. 그동안 저작권자의 허락 없이도 아무런 문제없이 해 왔던 스크랩과 갈무리 등이 대부분 불법이라니 어리둥절할 수밖에 없었다.

그런데 저작권에 대해 많은 사람들이 오해하는 점이 있다. 바로 저작권법은 저작물의 소유주인 저작권자의 권리만을 보호하기 위한 법이라는 것이다. 그러나 저작권 제도의 중요한 목적은 '문화의 향상과 발전'이다. 지식이 우리 인류 모두의 자산이라는 인식에서 나온 목적이다. 현재 저작권법에는 비영리적인 사용이나 개인적인 이용을 위한 '복제'를 허용한다는 규정이 있지만, 인터넷 공간에 적용되기는 힘들다. 비영리적 이용일지라도 개인적인 홈페이지나 블로그는 누구나 접속이 가능하므로, 저작권법에서 규정한 "개인적으로 이용하거나 가정 및 이에 준하는 한정된 범위"를 넘어서기 때문이라는 것이다.

그러자 저작권법을 보완하는 방법 혹은 대안으로 '정보공유라이선스'(www.freeuse.or.kr)가 등장했다. 이는 창작자들이 자신의 저작물에 대해서 자유 이용의 범위(순수한 공유, 개작, 영리 목적 등의 단계로 나뉨)를 정하여 알림으로써 정보를 자유롭게 유통시킬 수 있는 문화운동이다. 정보공유라이선스는 소프트웨어, 학술, 교육, 디지털 콘텐츠, 디지털 미디어 등 다양한 분야에서 적용할 수 있다. 또한 자신의 저작물을 무료로 나누기 원하는 저작자들이 저작권을 포기하지 않고도 정보 공유 의사를 표현하는 방법이 될 수 있다. 앞으로 계속 기존의 아날로그 환경에 맞추어져 있는 저작권법을 개선해 나가야 한다. 정보 공유에 기반을 둔 새로운 문화 발전을 가능하게 하는 다양한 정책도 필요하다.

인터넷은 사람과 사람 사이의 거리를 좁히고, 누구나 창작자가 될 수 있는 공간을 마련해 주었다. 반면 좁혀진 거리 때문에 알고 싶은 정보들이 쌓여 가는 한편, 알리고 싶지 않은 개인정보들이 노출되기도 한다. 또한 다양하고 창의적인 표현과 자극적이고 폭력적인 표현이 함께 존재한다. 이렇게 인터넷을 이용한 의사소통과 문화를 누리는 데에는 밝은 모습과 어두운 모습이 공존한다. 그러므로 인터넷 공간에서는 생각이나 정보를 어디까지 말하고, 어디까지 공유할지 신중하게 생각하고 이용해야 한다.

더 생각해보기

1. 인터넷상의 거짓 정보로 인해 피해를 본 적이 있는가? 인터넷에서 신뢰할 만한 정보를 어떻게 찾으면 좋을지 말해 보자.

2. 인터넷에서는 누구나 정보를 생산하고 공유할 수 있다. 그러나 폭력적이거나 선정적인 콘텐츠, 혐오 표현 등의 문제도 생겨난다. 표현의 자유와 혐오 표현의 규제 중 무엇이 더 중요한지 토론해 보자.

주

1 편집부 편, 『한국문예사전』, 어문각, 1991, 442쪽

2 김경용, 『기호학이란 무엇인가』, 민음사, 1994, 77쪽에서 재인용

3 주형일, 『이미지가 아직도 이미지로 보이니』, 우리학교, 2015, 18~20쪽

4 허버트 제틀, 박덕춘 옮김, 『영상 제작의 미학적 원리와 방법』, 커뮤니케이션북스, 2002

5 주창윤, 『영상이미지의 구조』, 나남출판, 2003, 44~45쪽

6 이형관 엮음, 『우리 시대의 문화 코드 영상예술』, 신서원, 2003, 323쪽

7 〈중앙미주일보〉, 매출 증대를 위한 음악 마케팅, 2010. 8. 26

8 이야기의 개념은 prince, 『서사학』, 문학과 지성사, 1988, 12쪽 그리고 우한용 외, 『서사교육론』, 동아시아, 2001, 41쪽에서 재인용

9 주창윤, 『영상이미지의 구조』, 나남출판, 2003, 30~31쪽

10 주창윤, 『영상이미지의 구조』, 나남출판, 2003, 30~31쪽

11 '[중간보고] 신나는 댓글로 조중동 잡는다!', 〈서프라이즈〉, 2007. 1. 9. 게시글

12 이정국, 뉴스 소비, 포털서 SNS로 진화… 언론사 주도권 되찾아올까, 〈한겨레〉, 2014. 4. 10

13 박성호, [인터뷰 종편의 실험] 선택과 집중으로 한 걸음 더—손석희 JTBC 보도부문 사장, 방송기자 15, 22~25

14 사이먼 벡스너, 『광고를 뒤바꾼 아이디어 100』, 시드포스트, 2016, 159쪽

15 한창완, '웹툰 산업 현황 및 실태조사', 한국콘텐츠진흥원, 2015

16 박주연, 정두용 '웹툰에 기술 들어갑니다, 그랬더니 벌써 4000만뷰',〈경향신문〉, 2018. 1. 2

17 차은지, 웹툰 플랫폼, 웹툰 기반 드라마 제작 나선다, 〈이비뉴스(EBN)〉, 2017. 6. 20

18 Jonathan Watts, World's first internet president logs on, <The Guardian>, 2003.2.24.

19 Howard Rheingold, 『Smart Mobs: The Next Social Revolution』, Basic Books, 2002

20 박수진, 99%가 하는 진짜 민주주의, <한겨레21> 제1091호, 2015.12.16
박주민, [시론] 시민정치 참여, 마드리드에서 배워라, <경향신문>, 2016.1.20
조기원, 분노하라, 참여하라… '포데모스' 정치판 흔들다, <한겨레>, 2016.1.24.

21 Boyd, D. M., & Ellison, N. B., 『Social Network Sites: Definition, History, and Scholarship. Journal of Computer-Mediated Communication』, 2008, 210~230

22 김혜영, 무심코 올린 인증샷, 범죄의 표적으로 돌아왔다, 〈한국일보〉, 2017. 7. 15

23 박선영, 무심코 누른 '좋아요'… 페이스북 커밍아웃 조심하세요, 〈한국일보〉, 2016. 3. 9

24 문영수, 넷마블, '모두의마블' 크리에이터 50명 뽑는다, 〈아이뉴스〉, 2017. 7. 27
김경록, 연 수익 10억 고졸 크리에이터… 유튜브 · 카카오 · 네이버 모시기 경쟁, 〈중앙일보〉, 2017. 3. 18

25 권도연, [크리에이터 탐구생활] ③게임채널의 초통령 '도티', 〈블로터닷넷〉, 2017. 7. 17

26 이서희, 인터넷 '대세'된 크리에이터… "1인방송 즐기며 수입도 두둑하죠", 〈한국일보〉, 2015. 9. 23
27 이지현, 인터넷 방송계 유느님 '대도서관', 이제는 종합 방송국이다, 〈문화뉴스〉, 2017. 4. 6
28 박주현, 『인터넷 저널리즘에서 의제의 문제』, 커뮤니케이션북스, 2014
29 이성식, 「사이버 언어폭력의 원인과 방지대책, 형사정책 18(2)」, 2006, 421~440
30 이광진, 「혐오표현과 표현의 자유, 법과 정책연구 17(1)」, 2017, 321~346

참고자료

- 권용선, 『읽는다는 것』, 너머학교, 2010
- 김홍탁, 『디지털 놀이터-만나서 놀고 퍼트리는 디지털 마케팅 키워드 10』, 중앙m&b, 2014
- 정현선 외, 『초중등 교과서의 미디어 리터러시 단원 개발 연구』, 교육부, 2016
- 김경용, 『기호학이란 무엇인가』, 민음사, 1994
- 스콧 맥클라우드, 『만화의 이해』, 시공사, 2002
- 폴 코블리, 『기호학』, 김영사, 2002
- 이도흠, '현대기호학의 흐름과 새로운 전망', 한국학연구, 고려대학교 한국학연구소, 2003
- 피터 콜릿, 『몸은 나보다 먼저 말한다』, 청림출판, 2004
- 데즈먼드 모리스, 『피플워칭』, 까치, 2004
- 한국기호학회, 『몸짓언어와 기호학』, 문학과지성사, 2001
- 강상현 외, 『대중 매체의 이해와 활용』, 한나래, 1996
- 이태영 외, 『언어와 대중매체』, 신아출판사, 2000
- 기호학 연대, 『대중문화 낯설게 읽기』, 문학과 경계사, 2003
- 김태수, 『꽃 가치 피어 매혹케 하라: 신문광고로 본 근대의 풍경』, 황소자리, 2005
- 크리스 트레드어웨이, 마리 스미스, 『페이스북 마케팅』, 스펙트럼북스, 2010
- 사이먼 벡스너, 『광고를 뒤바꾼 아이디어 100』, 시드포스트, 2016, 159쪽
- 앤드류 애드거 외, 『문화 이론 사전』, 한나래, 2003
- Media and Meaning: An Introduction, C. Stewart, M. Lavelle, A. Kowaltzke, London: BFI, 2001
- 이남호, 『문자제국쇠망약사』, 생각의나무, 2004

★본문에서 설명한 작품은 넣지 않았습니다.

청소년을 위한 미디어 자료

• 청소년이 직접 참여할 수 있는 미디어 기관

시청자미디어재단 http://www.kcmf.or.kr.

방송통신위원회 산하 공공기관으로 시청자미디어센터. 부산, 광주, 강원, 대전, 인천, 서울, 울산센터까지 전국 7개 지역에서 운영하고, 미디어 교육 및 장소 대관, 장비 대여를 할 수 있다.

서울시립청소년미디어센터 http://m.ssro.net.

청소년이 만든 영화, 다큐, 애니를 감상할 수 있고 여러분도 미디어 제작에 참여할 수 있다.

영상미디어센터

영화진흥위원회에서 운영하는 서울영상미디어센터와 문화체육관광부 지역영상미디어센터 설립 정책의 일환으로 각 지역에서 운영하는 공공 미디어서비스 시설이다.

미디액트 https://www.mediact.org.

시민 영상 창작과 독립영화제작 활성화를 위해서 각종 교육 프로그램을 제공하고 무상으로 혹은 저렴하게 영상 기자재를 대여하여 창작 활동을 도와주는 지원기관이다.

보라매청소년수련관 http://www.boramyc.or.kr/

청소년 활동으로 미디어 진로 체험의 날이나 방송반 워크숍을 진행하고 있다.

청소년미디어단 '빅픽처' https://www.snyouth.or.kr.

성남시청소년재단 수정청소년수련관에서는 연중 청소년들의 다채롭고 건전한 영상문화를 만들고 자기 계발 활동을 통해 역량을 강화하는 활동을 추진하고 있다.

전주시민미디어센터 http://www.0simi.org

전주시민미디어센터 영시미는 '영화의 심(힘)'을 뜻하며 시민들의 대상과 수준에 맞는 영상교육 프로그램을 운영하고 있다. 청소년 영화제작 워크숍, 방학을 이용한 애니메이션제작 워크숍, 조명, 음향 장비나 프리미어 CS5특강 등 다양한 교육 프로그램이 개설되어 있다.

• 웹툰 & 만화책

네이버웹툰

마주쳤다 | 하일권X네이버웹툰 | 어느 순간 내가 웹툰 속 주인공이 되어 있다?! 다양한 기술이 구현된 인터랙션툰을 통해 이전 웹툰들과는 색다른 즐거움을 맛볼 수 있다.

아기낳는만화 | 쇼쇼 | 귀여운 그림체, 잔잔한 분위기, 그러나 내용은 극사실주의?! 진부하고 미화된 내용이 아닌, 진짜 성교육을 받을 수 있는 웹툰이다.

스피릿 핑거스 | 한경찰 | 청소년들이 고민하는 꿈, 우정, 사랑에 관한 흥미로운 이야기가 예쁜 그림

체에 담겨 더욱 매력적인 웹툰. 주인공의 성장에 주목하자.

스위트홈 | 김칸비 글 · 황영찬 그림 | 조만간 극장에서 만날 수 있을 것 같은 예감! 한 편 한 편 작가의 상상력과 연출력에 놀라고, 영화를 보는 듯한 긴장감에 전율이 흐른다.

여중생A | 허5파6 | 걱정 말아요. 죽지 않아요. 행복해져요. 소설가도, 정신과 전문의도 추천한 "가장 간단한 그림으로 당대를 드러내고, 위로하는 작품"

다음웹툰

나빌레라 | Hun 글 · 지민 그림 | 70세 노인의 발레쇼?! 상상조차 어려운 설정이지만, 어느새 주인공들의 아름다운 도전기에 눈물을 흘리게 된다. 평점 1위, 인생 웹툰이라 할 수 있는 감동의 드라마 한 편을 추천한다.

TEN | 이은재 | 지옥 같은 학교에서 왕따의 낙인을 달고 하루하루를 '버티는' 주인공. 그의 고통은 작가의 섬세한 심리 묘사를 통해 독자에게까지 뼛속 깊이 전해진다. 극한의 절망 속에서도 주인공은 서서히 변해간다. 뻔할 수 있는 이야기지만 뻔하지 않다.

26년 | 강풀 | 5.18의 학살자였던 전두환 암살 작전을 다룬 웹툰. 여전히 해결되지 않은 역사적 과제를 상상으로 풀어 내고 있다.

레진코믹스

아만자 | 김보통 | 27살에 암환자가 된다면… 불치병의 고통과 투병 생활을 현실과 환타지를 오가며 담담하면서도 슬프게 그린다.

만화책

감정코치 K | 최성애, 조벽, 이진 글 · 천범식 그림 | 감정을 읽어 주는 사람 K와 함께 청소년들이 어려움을 극복해 가는 과정을 그린 심리 만화이다.

100˚C | 최규석 | 1987년 6월 민주화 운동을 다루고 있다. 그 시절 군부독재에 저항하던 사람들과 운동 과정에서 죽어 가야 했던 사람들을 기억하는 만화이다.

• <지식채널e>로 이해하는 뉴스 (자료 출처: EBS 지식채널e)

가이드라인 | 1150화(2014.5.14) | 재난이 일어났을 때, 피해자들을 지키기 위한 언론의 역할은 매우 중요하다. 재난 보도를 할 때 언론이 지켜야 하는 윤리는 무엇인지 알아본다.

짧아도 너무 짧은 | 1205화(2014.10.29) | '충격'적인 기사가 난무하는 시대. 종이신문과 달리 인터넷 뉴스는 독자들의 클릭 수가 중요하다. 그래서 사람들의 클릭을 유도하기 위해 인터넷 뉴스의 제목에는 자극적인 표현들이 사용된다.

사라진 Why, 왜? | 1519화(2017.10.13) | SNS의 발달로 수많은 뉴스가 빠르게 볼 수 있게 되었다. 그러다 보니 뉴스에서 '왜?'라는 물음이 빠지게 되었다. 그래서 사건에 담긴 숨은 의미를 고찰

하고 설명하는 방식의 보도, 즉 맥락저널리즘이 생겨나게 되었다.

정말 아무 뉴스나 다 믿는구나 | 1526화(2017.11.8) | 240번 버스에 대한 뉴스를 통해, 사실 여부를 검증하지 않고 가짜뉴스를 보도하는 언론과 비판의식 없이 뉴스를 그대로 믿고 SNS에서 공유하면서 생기는 문제를 짚어 본다.

누구나 만드는 뉴스 | 1528화(2017.11.15) | 누구나 뉴스를 만드는 시대에는 합리적으로 의심하는 자세가 필요하다. 자신이 보는 뉴스가 가짜뉴스인지 여부를 점검하기 위한 방법을 알아본다.

• 게임

PC용 게임

커벌 스페이스 프로그램 | 우주개발 시뮬레이션 | 공학도를 꿈꾼다면 놓칠 수 없는 게임. 직접 우주센터에서 로켓을 설계하고 발사하며 수많은 시행착오 끝에 달과 화성에 가 볼 수 있다.

문명 5 | 역사 시뮬레이션 | 게임계의 교과서. 선사시대부터 나노시대까지 만년의 역사를 훑어 나가는 진정한 디지털 역사 교과서이다.

911 오퍼레이터 | 시뮬레이션 | 응급구조체계의 전화요원이 되어 걸려오는 긴급전화를 응대하고 대응팀을 출동시킨다. 도시에서의 삶에 쏟아지는 위험을 체감할 수 있다.

PS4용 게임

페르소나 5 | 롤플레잉 | 청소년들의 일상사 속에 적절히 녹아든 판타지 요소와 더불어 현대사회의 미디어와 함께 살아가는 청소년들의 심리를 다룬 게임이다.

언차티드 4 | 액션 어드벤처 | 인디아나 존스 시리즈의 게임적 재현. 고대의 유물을 찾아가는 모험담이 영화처럼 펼쳐진다.

모바일용 게임

모뉴먼트 밸리 | 퍼즐 어드벤처 | 주인공 아이다를 큰 네모 문양까지 데려다주는 게임으로 아이디의 모험과 만남이 그려진다. 〈모뉴먼트 밸리 1〉이 소녀 한 사람의 이야기였다면, 〈모뉴먼트 밸리 2〉는 엄마와 딸의 이야기이다. 2014년 잘 만들어진 게임으로 각종 상을 받았고 시리즈로 나오고 있다.

굶지마! | 로그라이크 롤플레잉 | 알 수 없는 세계에서 살아남아라! 배고픔과 정신력이 존재하는 캐릭터를 위해 음식을 구하고 안전을 도모하는 생존형 롤플레잉이다.

Plants VS Zombies | 퍼즐 | 앞마당에 심은 야채가 좀비로부터 나를 보호한다는 개념을 옮겨 심은 퍼즐 게임. 식량이 무기가 된다는 은유를 포함한다.

• 영화

청소년의 삶

달리는 차은 | 김태용 감독 | 2009 | 달리기를 좋아하는 차은은 학교 육상부가 해산하자, 도시 학교로 전학을 가고 싶어한다.

우아한 거짓말 | 김려령 원작, 이한 감독 | 2014 | 내가 무심코 뱉은 말이, 문자가 친구의 가슴에는 비수로 꽂힐 수 있다. 지금 내 옆에 있는 친구들은 모두 소중하다.

우리의 현대사

동주 | 이준익 감독 | 2016 | 실천으로 투쟁했던 몽규와 우리말로 시를 쓰며 시대의 비극을 읊조린 동주는 모두 아름다운 청년이다. 시인 윤동주의 대표적인 시구들이 영상으로 살아난다.

지슬: 끝나지 않은 세월2 | 오멸 감독 | 2013 | 유채꽃이 만발한 제주는 삶을 기억한다. 1948년 4·3사건으로 억울하게 죽어간 사람들을 달래는 씻김굿이다.

강철비 | 양우석 원작·감독 | 2017 | 웹툰을 원작으로 한 영화. 전쟁의 공포와 열강의 위협. 영화 속 사건은 충분히 일어날 수 있는 일이다. 우리는 어떻게 이 상황을 극복해야 할까?

1987 | 장준환 감독 | 2017 | 6월 항쟁. 부조리한 사회에서 평범한 사람들이 이룩한 민주주의 혁명. "당신이 함께하면 세상을 바꿀 수 있습니다."

파미르 | 오멸 감독 | 2017 | 세월호 사건으로 친구를 잃다. 가족을 잃다. 너무나 갑작스러워서 미숙하기만 했던 이별. 우리는 어떻게 기억해야 할까?

현실 비판

소셜포비아 | 홍석재 감독 | 2014 | 상대방이 보이지 않는다고 나의 공격이 사라지는 것이 아니다. 악플로 인한 문제는 현재 진행형이며 1인 미디어 시대를 살아가는 우리가 꼭 짚어 보아야 할 문제이다.

옥자 | 봉준호 감독 | 2017 | 대기업은 우리를 얼마나 속이고 있는 것일까? 우리의 육식은 정의로운지, 동물과 인간의 공존은 어떻게 하면 이루어질지 생각해 보게 한다.

카트 | 부지영 감독 | 2014 | 오늘도 마트 직원은 열심히 일한다. "안녕하세요, 고객님" 직원은 온갖 진상 고객들도 웃음으로 맞이하지만 회사는 그들을 부품으로만 대했다. 이것이 영화일 뿐이면 좋겠지만 현실은 더욱 영화 같다.

사회적 소수자

말아톤 | 정윤철 감독 | 2005 | 철인 3종 완주를 기록한 배형진 씨의 실화를 바탕으로 한 이야기. 달리기를 좋아하는 초원이의 모습을 보며 행복은 무엇으로 만들어지는지 생각해 보자.

천하장사 마돈나 | 이해영 감독 | 2006 | 마돈나처럼 예쁘게 살고 싶은 천하장사의 외침. 우리 모두는 다 다르다. 자신과 다르다고 남을 배척하지는 않았는지 생각해 보자.

SNS에서 웹툰까지

슬기로운 미디어생활

초판 1쇄 펴낸날 2018년 2월 1일
초판 11쇄 펴낸날 2023년 10월 23일

지은이 권혜령 송여주 장은주 홍완선 김언동 이경혁 정현선 최은옥
펴낸이 홍지연
기획 권혜령 송여주 장은주 홍완선

편집 홍소연 고영완 이태화 전희선
조어진 이수진 차소영 서경민
디자인 권수아 박태연 박해연 정든해
마케팅 강점원 최은 신종연 김신애
경영지원 정상희 여주현

펴낸곳 ㈜우리학교
출판등록 제313-2009-26호(2009년 1월 5일)
주소 04029 서울시 마포구 동교로12안길 8
전화 02-6012-6094
팩스 02-6012-6092
홈페이지 www.woorischool.co.kr
이메일 woorischool@naver.com

ISBN 979-11-87050-51-3 43300